本当の仏教を学ぶ一日講座

ゴータマは、いかにしてブッダとなったのか

佐々木 閑 Sasaki Shizuka

NHK出版新書

本当の仏教を学ぶ一日講座　ゴータマは、いかにしてブッダとなったのか　目次

はじめに――いま原始仏教が見直されている

ところ変われば仏教も変わる

みなさん、おはようございます。今日はまる一日、六時限かけてお釈迦様(しゃかさま)がおつくりになった仏教について授業をいたします。一時限が一時間半ですから全部で九時間ですね。仏教という宗教はどのように発生したのか、お釈迦様はどのような思想を持っていらっしゃったのか、どのような言葉を残されたのか、いろんなことを知っていただきたいと思います。最後までよろしくおつきあいください。

私は福井県にある寺の長男として生まれまして、いまも形式だけ住職を務めております。宗派は浄土真宗です。しかし専門は古代インド仏教学で、浄土真宗とは関係のない、お釈迦様時代の仏教のことばかり研究しています。勤務している花園大学は禅宗の妙心寺派の大学ですから、これまた関係がありません。しかも好きなことは科学です。そんな支離滅裂な人間ですが、お釈迦様という偉大なお方の教えをひたすら支えとして生きていまして、「あなたはどういう主義の人ですか」と聞かれたら「私は釈迦教徒です」と答えております。

お釈迦様の仏教は、その教えを胸に抱いて暮らすだけの宗教ではありません。「釈迦を信じて拝めば救われる」という宗教ではないのです。それは「実践の宗教」であり、自分自身で努力して自分の人生をよくしていくという道を説く宗教です。そのために、お釈迦様は、自分の生活をどういうふうに変え、どのような心構えで日々を過ごすべきか、といった非常に具体的なところまで教えてくださいました。私は、哲学的な難しい教えだけでなく、お釈迦様がどんな生活スタイルを人々に推奨していたのかといった点も研究していますので、そんなことも六時限のうちに含めながら語っていきたいと思います。

授業を始めるにあたってまず申し上げたいことがあります。それはみなさんの頭に浮かんでいる仏教というもののイメージを一度リセットしていただきたいということです。というのも日本の仏教は、お釈迦様よりずっとあとになってから現れた「大乗仏教」という新しい形の仏教ばかりなので、日本の仏教のイメージにとらわれていると、お釈迦様がおつくりになった本来の仏教の姿が見えなくなってしまうからです。

少し例をあげましょう。

日本ではお坊さんも普通の社会人のように暮らしていて、お酒だって平気で飲みます。まわりの人たちも、お坊さんがお酒を飲んでも目くじら立てて怒るようなことはありません。「お坊さんはお酒を飲んでもよい」と大方の人たちは考えています。しかしこんなことは、日本だけ。ほかの仏教国なら許されない悪行です。お坊さんがお酒を飲むなど、もってのほかなのです。

なぜだと思われますか？　仏教は「智慧」を重んじる宗教であり、精神を集中してものごとを一生懸命考えるのが僧侶の務めなのですが、お酒を飲むと気持ちが弛緩してそれができなくなるからです。なんですか？　自分はお酒を飲んだほうが頭がよくまわる？　いや、まあそれは、そんな気がするだけのことです。もしそれが本当だったら酒酔い運転を厳しく取り締まる必要などありません。やはり、お酒を飲むとものごとを正しく見る力が失われます。ですから飲酒は、仏教としてあるまじき行為。したがって僧侶の飲酒は、酒酔い運転と同じくらい、悪い行為とみなされるのです。

ですから、みなさんも日本以外の国に行ってお坊さんと出会う機会があったら、お酒を勧めたりなさらないように気をつけてください。私も先だってタイのお寺に行ったとき困りました。お寺の宿舎に数日間滞在したのですが、お寺の中ではお酒は飲めませんから外へ出てレストランでビールを注文したら、お店の方にいやな顔をされました。「あなたはあそこのお寺に泊まっておられる人でしょう、そういう方がお酒を飲むのはよくないです」というわけです。それくらい向こうの仏教徒たちは、お酒をタブーだと考えています。そのあたりをよくわきまえていないと、思わぬ失礼をしてしまうことがあります。

同じ仏教でもところ変わればずいぶん違うのです。

よみがえるお釈迦様の仏教

みなさんもご存じのように、仏教発祥の地はインドです。しかし、その本家本元のインドでは仏教は滅びてしまいました。いまから千年くらい前です。二千五百年くらい前にインドで生まれ、千年くらい前に滅びたのです。理由は、ヒンドゥー教の大きな波に飲み込まれたことにあります。このお話はあとでゆっくりいたします。いままたインドで復活し、大いに広まりつつあるのですが、一時途切れてしまったので、いま広まりつつある仏教の多くは、お釈迦様オリジナルの仏教ではありません。

しかしインドで滅びたあとも、お釈迦様の仏教は周辺の国々で生き続けました。たとえば、いちばん有名なのはスリランカです。あるいは、タイ、ミャンマー、ラオス、カンボジアなどでもお釈迦様の仏教がいまなお色濃く伝えられています。

一方、日本には厳密な意味でのお釈迦様の仏教は伝わりませんでした。伝わってきたのは、先ほども言いましたようにお釈迦様より何百年もあとに起こった大乗仏教です。六世紀ごろ、聖徳太子の時代を皮きりに、中国経由で続々と伝わりました。このように一口に仏教と言ってもいろいろな枝分かれがあり、めまぐるしい生成と衰滅があります。ですから、よほど意識していないと自分がどの宗派のどんな仏教を学んでいるのかわからなくなってしまいます。

でも、うれしいことに、最近お釈迦様の仏教が見直され、静かなブームの気配が見えつつあります。本家インドだけでなくアメリカやヨーロッパにも広がって、とりわけアメリカでは仏教徒はすでに三百万人もいるのだとか。

日本でもそういった動きが高まっているのを感じます。今日もこうして、たくさんのみなさんにおいでいただきましたが、どこで講演してもかつてよりずっと多くの人が聞きにきてくださいます。「おお、もともとの仏教の考え方というのはそういうものだったんだ」と新鮮な驚きを感じてくださる方も少なくありません。いままで学んできた日本の仏教よりもずっと理解しやすいという声もあります。

では、いまなぜお釈迦様の仏教は注目されるようになったのでしょうか。

そのいちばんの理由は、お釈迦様の思想が持っている合理的精神のようなものが、現代の私たちの考え方によくフィットするからだと思います。

私たちの身のまわりにある仏教を見ますと、その多くが〝神秘〟をベースにしています。説明不能で超越的な力を信じなさいと言います。でも、もともとのお釈迦様の教えはそうではなかったのです。考え方の基本は原因と結果による厳格な因果則です。それをよく理解して、そのうえで自助努力、自己鍛錬によって人生の苦しみを消しなさいというのです。そこには神秘的な要素はほとんどありません。人知を超えるようなものもありません。ですから科学的な思考に慣れた現代人が、心の苦しみを何とかしたいと思っているとき、〝救済者の神秘のパワー〟によって一瞬で苦しみを消してもらえると考えるよりは、苦しみが生じるメカニズムを教えてもらい、それを消すための修練の方法を教えてもらうほうが納得できるのではありませんか？　どうですか。

とはいえ、昔はそうではありませんでした。宗教は不思議な力に満ち満ちていなければならず、手の届かない神々しいものであればあるほど、人はそれをありがたく感じました。ですから、逆の言い方をすれば、そのような、神秘を求める人々の心性の中で、本来は合理性を重んじていたお釈迦様の仏教も、次第に神秘的な宗教に変化していったのです。そして、いわゆる〝宗教らしい宗教〟になったのです。その意味からすると、二千五百年前の世間では、お釈迦様の考え方は早すぎたのかもしれません。

お釈迦様の教えは何かにすがったり頼ったりせず、自助努力によって自分の苦悩を解決していこうとする自律的な宗教です。そのようなあり方はむしろいまのほうがふさわしく、共感する人が多いのではないでしょうか。

また、お釈迦様が仏教をおつくりになった時代と、現代の日本はかなり共通点があります。

いま、多くの方たちが生きづらさや無力感を感じています。閉塞(へいそく)した社会情勢や先行き不安などからうつになったりひきこもったりする人が増えています。とくに二〇一一年の東日本大震災以降は、精神的に調子を崩す人が増えているようにお見受けします。なかでも憂慮すべきは自殺者の増加で、なんと年間およそ三万人だそうです。若い人もかなり含まれているそうですから、いたたまれない思いがします。生きることが楽しくて、夢にあふれていて、明日が来るのが待ち遠しいなどという時代は過去のものとなり、私たちはみんな生きながら重い荷物をかついだような気分になっているのです。

お釈迦様のころも似たような状況にありました。社会不安や差別や不自由がまかり通り、一部の裕福な人、恵まれた人以外はたいへんな虚しさを感じていました。仏教はそんな世の中をどう乗り切るかという切実なところから生まれてきた側面があるのです。したがって、いまお釈迦様のなされた事績について考えることは、とても大きな意味があるはずです。いまという時代にふさわしい教えだと思います。

私は、そんなお釈迦様の教えをみなさんにお伝えすることを生きがいにしている仏教学者です。お釈迦様の仏教に触れることによって心が開けた、気持ちが変わったという声を一つでも聞くことができれば何よりの幸せです。

では、さっそく授業を始めてまいりましょう。

1時限目 インドに仏教が生まれるまで

お釈迦様はなに人？

では1時限目を始めます。この時間は仏教の前史、すなわちお釈迦様が仏教をお始めになる前のインドについてお話しします。

普通、仏教についていろいろ説明されている本などを見ますと、いきなりお釈迦様の誕生から話が始まることが多いようです。しかも現実にはあり得ない伝説のようなエピソードから始まることがほとんどです。しかし、それでは「仏教とは何か」を理解するには十分ではありません。というのも、仏教がこの世に誕生したあとのことをいくら詳しくしゃべっても、いちばん肝腎な疑問が解けないからです。それは何かというと、「なぜそのときインドに仏教が起こったのか」という疑問です。起こったあとのことをいくら語っても仕方がありません。まずは、仏教が生まれる前のインドがどのような状況であったかを知っていただいて、お釈迦様はなぜそのときに仏教を作らなければいけないと考えたのか、それを理解していただかねばなりません。多少遠まわりのお話になりますが、これを申し上げないことには仏教という宗教の本質がわかりませんので、頑張ってついてきてください。

さて、まずはみなさんに質問です。お釈迦様がお生まれになった国はどこでしょう。

ハイ、手が上がりました。いちばん左の方どうぞ。ん？　インド人ですか？　正解――と言いたいところですが、厳密にはそうではありません。

お釈迦様がお生まれになったのはヒマラヤ山脈の南のふもとにあったカピラヴァットゥという国で、いまの地図に当てはめると、インドではなくネパールです。ですから、正解はネパール人です。しかし、仏教発祥の地はインドです。どういうことかと言いますと、ネパールでお生まれになったお釈迦様は出家して、てくてくと南のほうへ下られ、いまのインド領に入られました。そしてそこで仏教をお始めになったのです。ですから仏教という宗教の国籍はどこかと言えば、それは間違いなくインドということになります。

「謎の民族」アーリア人

では、また質問いたします。インド人というとどんなイメージがありますか？

手が上がってますね、前の方どうぞ。え？　カレーが好き。正解です。しかし、いまはその問題はチョットおいときましょうね。そちらの方どうぞ。肌が浅黒い？　ハイ。でも、アフリカの人たちのような感じではなく、私たち日本人がもう少し日焼けした感じです。いや、白い方もおられる？　その通りです。白色人種のように色白の人もたくさんいます。目鼻がくっきりした美男美女が多い？　まさにそうです。インドの映画などを見ますと、絵に描いたような美形のスターが登場いたします。後ろの方、いかがですか？　そうじゃなくて私たちにそっくりな人もいる？　ハイ、それも本当です。「隣のおじさん」という感じの非常に親しみを感じる顔立ちの方も、インドにはたくさんおられます。

予想した通り、一口にインド人といっても、みなさんかなり多様な印象をお持ちのようですね。その通りです。奇妙なことですが、じつはこれこそがインドの古い歴史を物語っているのです。

もともとインドには私たちが親しみを感じるような黄色人種系の人たちしかいませんでした。少なくともいまから三千年前、四千年前くらいまではそうでした。そのころ私はまだ生まれてないので見ていませんが、たぶんそうです。日ざしの強い国ですから私たちより肌の色は黒くなっていますが、顔かたちは私たちとよく似た人たちばかりだったのです。そこに違う系統の人々が大量に入ってきました。色の白い、目のぱっちりした、鼻筋の通った人たちです。かくしてインドには二種類の人々が共存することになりました。「共存」というと穏やかですが、もともとある種の人たちが住んでいたところに違う人たちが入ってきて、その人たちのほうが力が強かったために住みついてしまったのですから、「侵略」です。年代で言うと紀元前一五〇〇年ごろです。

侵入してきた強い者が弱い土着の者を従わせましたので、人種間の差別が発生することになりました。これがインドの社会を特徴づける階級制度「カースト制度」のもととなります。そしてまたこれがインドに仏教という宗教が誕生する遠い引き金になります。もし彼らが入ってこなかったら仏教は生まれていなかったはずです。

では、そのインドに侵入してきた色白の人たちがどんな人種であったかというと、「アーリア人」と言います。世界史の中でもとくにミステリアスな民族です。確たることは言えないのですが、有力な説としては、もともと中央アジア（現在のロシア、コーカサス山脈のあたり）に住んでいた人たちといわれています。少なくとも紀元前三〇〇〇年ごろにはそこで牧畜生活を営むようになっていたようです。その彼らが長い時間をかけていろいろな地域に移っていったのです。

その模様はおおむね以下のようなプロセスを経たと言われています。

年代はよくわかりませんが、まず第一波が中央アジアから西のほうへ向かい、ヨーロッパに入りました。ここでもともと現地にいた人々と交わってヨーロッパ人の祖先となりました。イタリアとかフランスとかギリシャとか、いまわれわれがよく知っているヨーロッパの人々はほとんど彼らの子孫です。

そして、時が下って紀元前一五〇〇年ごろ、第二波が南のほうへ移動して、いまのイラン高原のあたりに至り、さらに東に進んでインドに入りました。

全員が移動しつくしたわけではなく、中央アジアに残ってオアシス都市の定住民となった人々もいました。ですから大ざっぱに言って、①ヨーロッパ、②イラン、③インド、および、中央アジアに残った人々の四集団に分かれたわけです。

細かいことを申しますと、このうち「アーリア人」という名で呼んでいいのは②と③、すなわち、紀元前一五〇〇年ごろにイラン、インドへ進出した人々だけです。イランに入った民族とインドに入った民族はそれぞれ自分たちの聖典を作りました。イランに入った人たちが作った聖典を『アヴェスター』といいます。ゾロアスター教という彼らの宗教の聖典です。インドに入った人たちが作った聖典は『ヴェーダ』といいます。これもまた仏教などよりもずっと古いバラモン教の聖典で、神々を讃える讃歌集です。この『ヴェーダ』や『アヴェスター』の中に、自分たち自身を呼ぶ呼び名として「アーリア」という名前が出てくるのです。ですから、イランやインドに入った人たちのことを「アーリア人」と呼ぶようになったのです。しかし、最初にヨーロッパ方面に出ていった人たちまで

インド・ヨーロッパ語族の大移動（仮説）

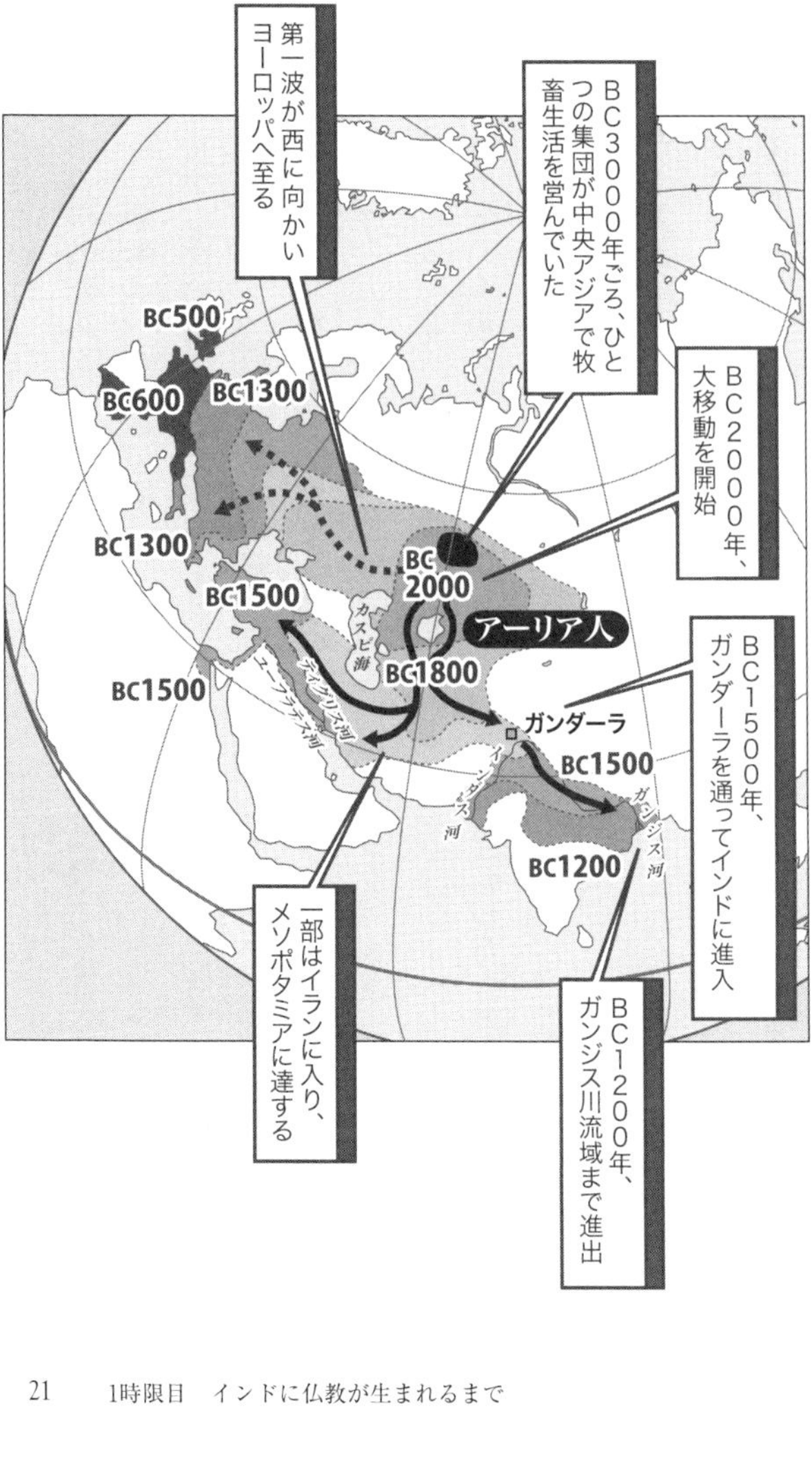

「アーリア人」と呼ぶわけにはいきません。ですから、「アーリア人」と言えば、それはイラン、インドへ進出した人だけを指すのです。言ってみればインドとイランは近い親戚、ヨーロッパは遠い親戚というわけです。

しかし、中央アジアにとどまった人々も含めて、①から③までがすべて同じルーツを持っていることは確かで、何か総括して呼ぶ言葉がなければ不便です。そこで、「インド・ヨーロッパ語族」という言い方ができました。これが、この民族全体を包括的に呼ぶ場合の名称です。この呼び方にはイランが入っていないのでイランの人たちはあまり面白くないらしいのですが、ともかく今日の学術的な用語としては「インド・ヨーロッパ語族」が正式です。本当なら「インド・イラン・ヨーロッパ語族」といった方がよいのですが、慣例ですから仕方ありません。

すぐれた「馬術」を武器に

さて、このインド・ヨーロッパ語族の人々、当時はたいへん有能な民族であったようです。というのも、世界地図を見てください。彼らの移動範囲は、西はヨーロッパ大陸、真ん中は中央アジア、中東、東はインド亜大陸まで広大な領域をカバーしています。世界をまたにかけた大移動と言ってもよいでしょう。なぜこんなことができたのでしょう？

それは、彼らの戦闘能力にあったようです。とりわけ注目すべきは「馬」の扱いに関する技術で、すぐれたテクニックを背景に、世界の広い地域に勢力を伸ばしていったようです。

みなさんは『ベン・ハー』という映画をご存じですか？　ずいぶん昔の映画ですが、ご覧になった方、手を上げてみてください。ああたくさんいらっしゃいます。あの映画に鎧姿の勇者が立ち乗りしている二輪の戦闘馬車が出てきたでしょう？　戦車競走の場面です。ああいった、馬を利用した戦闘用具を使っていたのです。

また、それよりも少しあとの時代ですが、車を引かせるのではなく、人が直接馬に乗る「騎馬」の技術を開発したのも彼らではないかといわれています。人が馬に乗ることなど、そんなにすごいことだとはお思いにならないでしょうけれど、じつはこれはたいへんな快挙なのです。

馬というのは胴が太く丸々としています。動きも激しいので、普通にまたがっただけでは振り落とされてしまいます。落ちないようにするためには、必死になってたてがみにしがみついていなければなりません。ですから、馬に乗るなどということは、とんでもない

〝曲芸〟でした。荷物を運ばせたり、農耕に利用することはあっても、自分が乗っかって利用しようとは思わなかったのです。人類が馬に乗るようになったのはごく最近のことなのです。

ではいかにしてそれが可能になったかというと、革命的な馬具が編み出されたからです。一つは「鞍(くら)」です。これを馬の背の上に置いて、手綱を取る方法を考案しました。これによって人は安定して馬の背にまたがっていられるようになりました。そしてもう一つ画期的だったのは「鐙(あぶみ)」です。鞍の下にぶら下がっている、足を置く吊り輪のようなものです。大袈裟に言いますと、あれで人類の歴史は変わりました。なぜなら鐙に両足をかければ、人は馬の上で体を安定させることができます。場合によっては両手を離して立つことができます。馬に乗りながら両手が自由になったことにより、馬上の戦士は弓矢とか刀とか槍といったものを使えるようになったのです。かくして馬は軍事の〝要(かなめ)〟をなす乗り物となりました。人類の長い歴史の中でも指折り数えられる大発明であったといえます。

馬術の発達がもたらしたのは戦闘能力の向上だけではありませんでした。「遊牧」という新しい暮らし方ももたらしました。みなさんはしばしば「牧畜」と「遊牧」を混同されていますけれど、この二つは全く違うものです。たとえば北海道では多くの牛や羊が飼育されていますが、あれは牧畜です。飼い主は別に馬に乗る必要はありません。同じ一ヵ所で普通に飼いつづければいいのです。これに対して、遊牧は自分も馬に乗って牛や羊を追い立て、あちらこちらへ移動しながら育てます。

おそらく中央アジアにいた彼らは馬に乗る技術を編み出したのちに、その応用編として移動しながら生活する遊牧という形態を、自分たちのスタイルとして取り入れるようになったのでしょう。

「言語」がカギ

それにしても、ヨーロッパと、中央アジアと、イランと、インドと——。このバリエーション豊かな地域の住人がもとは同じ民族だったとはとうてい信じられません。そんなことがそもそもどうしてわかったのでしょうか。

これらの人々がもともとは一つの民族だという事実を裏付けたいちばんの証拠は、言語の共通性だったのです。いまからおよそ二百二十年前の一七八九年、イギリス人言語学者のウィリアム・ジョーンズという人が史上初めて、そのことを指摘しました。

ではジョーンズさんはなぜそのような調査を始めたのかというと、祖国イギリスの世界進出戦略の一環でした。当時のイギリスは世界中に植民地を持っており、「プラッシーの戦い」という戦争の結果、インドも植民地として手に入れました。しかし、インドは歴史も文化も全く違い、しかも広大な国ですから、いろいろなことを調査しなければなりません。なかでも喫緊（きっきん）の課題は言葉でした。言葉がわからなければ占領も何もあったものではありません。そのために言語の専門家であるジョーンズさんを送り込んだのです。

聞くところによると、彼はなんと四十ヵ国語（！）も外国語ができたそうです。どういう頭脳だったのか想像もつきませんが、ともかくそんな超天才の言語学者を、イギリス政府はインドへ派遣したのです。

ジョーンズさんは期待を裏切りませんでした。それどころか、たいへんな快挙をなしとげました。というのも、現地インドに着いて言葉を調べはじめたとたん、この言葉は自分たちのヨーロッパ語と同源だとわかってしまったのです。単語も文法の構造もよく似ています。インド語とヨーロッパの言語は、間違いなく一つの言語の枝分かれだと見抜いたのです。両者は古い言葉にさかのぼるほどよく似ていました。古い言葉とは、ヨーロッパではラテン語や古代ギリシャ語です。インドではサンスクリットや、あるいはヴェーダ語です。加えて、天才ジョーンズさんはイランの言葉も兄弟関係のはずだと予言しました。調べてみたらドンピシャリ、同源でした。

かくして、ヨーロッパとイランとインドの祖先は、もともと同じ言葉をしゃべっていた同じ民族の枝分かれだとわかったのです。人類史の一頁を開く発見でした。

ドイツ人のトンデモ解釈

なかなか仏教のお話に入りませんが、こうした人種と民族の問題は宗教の発生と切っても切り離せない問題であり、また文明史としてもたいへん面白いところですので、もう少しお話を続けます。

ヨーロッパからインドまで、世界のきわめて広い地域に住んでいる人々が、じつは同じ民族だったという事実は、やがて大きな問題を引き起こすことになりました。繰り返しますと、イランとインドは近い親戚であり、自分たちで名乗っているとおり「アーリア人」です。しかし、ヨーロッパの人々は少し系統が違います。分かれた時期も早く、違う発展の仕方をした遠い親戚です。ところが、「源は一つである」という考え方だけが一人歩きし、やがてヨーロッパ人もアーリア人だといわれるようになります。しかも、ゆゆしきことに、そこには「ヨーロッパ中心主義」の曲がった解釈が上乗せされました。すなわち、ヨーロッパの人たちは自分たちヨーロッパ人こそが、ヨーロッパからインドにまたがる広汎な民族のルーツだと考えるようになったのです。

それだけではありません。この考え方はさらなるトンデモ解釈に発展していきます。彼らの生まれ故郷はいまでこそ中央アジアといわれていますが、かつてははっきりしておらず、いろいろな説があがっていました。その中から「アーリア人の生まれ故郷は北ドイツだ」と唱える人たちが現れたのです。時期で言うと一九〇〇年代の初期、第一次世界大戦が終わったあとのころです。

その説を総括すると、以下のようになります。

昔むかしドイツにアーリア人という民族がいた。彼らはまずヨーロッパの各地に入り、次にイランへ進出し、さらにはインドまで進んで、すべての国を征服した。このことから明らかなように、アーリア人はこの世界でもっとも強くて優秀な民族である。また、同じアーリア人でも外へ出ていった一群はいろいろな血が混じってしまったが、発祥の地ドイツを動かなかった人は純血が保たれた。ゆえに、いまドイツに住んでいる民族こそがもっとも純粋で優れたアーリア人である——。

と、このような具合です。

この考え方はドイツ国民の支持を得て一気に盛り上がりました。なぜかというと、当時ドイツは第一次世界大戦で手痛い敗北を喫して意気消沈していたからです。たくさんの賠償金を払わなければならなくなり、スッカラカンになって、たいへんな窮乏生活を強いられていました。多くの人が「なんで俺たちはこんなにひどい目にあわなければいけないんだ」と不満を持っていました。国の上層部はそんな国民のガス抜きをするために、アーリア人の起源説を利用したのです。

「みなさん、気を落としてはいけません。何千年も前の歴史が証明しているように、われわれドイツ人はもともと世界を征服することのできるすぐれた民族、アーリア人なのです。それがなぜいまこんなに苦労をしているのかというと、国内に〝獅子身中の虫〟がいるからです。それはアーリア人以外の人々です」――と。

アーリア人以外で、ドイツ国内で暮らしている人といえばユダヤ人です。ユダヤ人は「セム系民族（アフロ・アジア語族）」といい、アーリア人とは別系統の民族です。そのユダヤ人のせいでドイツは戦争に負けたというのです。途方もない解釈です。しかし、せっぱつまっていたドイツ人にはとても説得力のある理屈に感じられました。これが悪名高いユダヤ人迫害につながっていくのです。

このようなマイナスの歴史がありますので、ヨーロッパで「アーリア人」という言葉を使うときはよほど気をつけなければいけません。とりわけユダヤ系の方々は敏感です。民族のルーツの概念を言い表したいときにはぜひとも「インド・ヨーロッパ語族」という言葉をお使いになってください。

長いイントロダクションになりましたが、ではいよいよ、そんないわくのあるアーリア人がインドに入ってきたことによってインド社会はどうなったかというお話に移ります。民族の問題というのは、たいへん大きな差別構造を生み出します。それはインドにおいても同じだったのです。

そして「カースト」が誕生した

アーリア人は強い軍事力を持った人々でしたが、宗教観にも独特のものがあって、征服先の伝統文化をとり込みながら自分たちの世界観を行きわたらせました。それは一種の「多神教」、すなわちこの世のすべての現象にはそれぞれ神が宿っていて、その思し召しによって世界が成り立っているという考え方です。もっと正確に言うと、この世には無数の神々がいて、それぞれの特性に見合った自然現象を司（つかさど）っているのですが、そこに絶対的な上下関係はなく、どのような自然現象を重視するかによって、場合に応じていろいろな神が表舞台に登場する、「まわり舞台的な神々の世界」です。

太陽も神様、雨も神様、月も神様です。世の中で起こるあらゆる現象が神とみなされたのです。自然現象だけではありません。人間の営みも神様になりました。たとえば「約束」にも神様が宿っていて、私たちがそれを破れば神様がバチをあてます。「ギャンブル」も神様です。神様に気に入られなければ負けつづけます。ではどうすればいいかというと、神様をほめ称え、お供えをたくさんするのです。ギャンブルに勝ちたかったらギャンブルの神様にたくさんお供えをします。戦争に勝ちたかったら戦争の神様にお供えをします。戦争の神様は「インドラ」といい、日本では「帝釈天（たいしゃくてん）」という名前で呼ばれています。映画の寅さんが口上で言っている「わたくし生まれも育ちも葛飾柴又、帝釈天で産湯を使い……」の、あの帝釈天です。

さて、ここからが肝腎です。インドに侵入したアーリア人が作り上げた世界観には大きな特徴がありました。神様にお願いをする際、いくら普通の人間が頼んでも、神様たちは願いごとを何も聞いてくださらないということです。神様と交信できる特別な能力を持った人がお願いしなければならないのです。日本の古代でいえば卑弥呼（ひみこ）のような人です。

たとえば王様がどこかの国と戦争するとき、「私は絶対に勝ちたい。だからこの贈り物をインドラの神様に捧げよう」と思います。しかし、王様にはインドラ神と交信する能力はありません。そこで、専門の能力のある人に頼みます。その人はわかりましたと言って代わりに祈願してあげます。贈られた物はもちろん自分の懐（ふところ）に入れます。

神様との交信能力があるその人と、交信を依頼した王様とではどちらが上かといえば、当然ながら神様と交信できる人のほうです。そしてそういった特別な能力を持つ人々のことを「バラモン」と呼びます。こうして彼らバラモンはインド社会の中でいちばん高い地位を持つことになりました。

バラモンの次に高い階級は何かというと、神様と交信する能力はないけれども、一般人の中でいちばん力が強く富裕な人たち、つまり王様や貴族などです。それを「クシャトリア」といいます。三番目は普通の市民で「ヴァイシャ」と呼ばれます。そしていちばん下に、「シュードラ」と呼ばれる小作人や使用人などの階級がきます。シュードラは奴隷ではありませんが、職業選択の自由がなく、常に人の下で働かねばなりません。

こうして当時のインド社会に、バラモン、クシャトリア、ヴァイシャ、シュードラという四つの階級が生まれました。これが、インド社会特有の「カースト」です。

インドにはもともと土着の人々がいて、その後にアーリア人が入ってきたのですから、二種類の民族が混在しているわけですが、それと四つの階級の関係はどうなっているかというと、まずバラモンは全部アーリア人だったと思われます。二番目のクシャトリアもほとんどすべてアーリア人。三番目のヴァイシャから二つの人種が混じりあいはじめます。そして、いちばん下のシュードラは征服されたほうの先住民がほとんどを占めます。

カーストとは、この四つの階級をいいますが、じつはその下にもう一つ別の階級が存在していて、それはそもそもカーストに入れない人たちです。英語で「アウトカースト」といいます。インドの言葉では「チャンダーラ」と呼ばれます。あるいは「アチュート」とも呼ばれます。もちろんすべて先住民です。

「チャンダーラ」という語は日本にも伝わっていて、漢字の音写で「旃陀羅」と言います。私たちの社会にも部落差別という忌むべき差別問題がありますが、そこでかつてこの言葉が使われていました。インドの差別語が、日本の部落差別に利用されたのです。

なお、「カースト」という言葉はインド語ではなくポルトガル語でありまして、「血統」という意味です。では、インドの人はこの制度のことをなんと呼んでいるのかというと、「ヴァルナ」といいます。意味は非常に単純で、「色」です。インドにもともと住んでいた土着の人々は私たち日本人とも近い「古モンゴロイド」で、浅黒い肌の色をしています。一方、あとからやってきたアーリア人は元をたどれば中央アジアのロシアのあたりにいた人たちですから白人系で色白です。この肌の色の違いがそのまま差別制度の名前になり、「ヴァルナ」（色）と言われるようになったのです。

変えられぬ宿命

いま私はアウトカーストも含めて五つの区分けを申しましたが、現実の身分はもっと複雑に規定されていて、その細分化された階層制を「ジャーティ」といいます。非常に細かい職業区分に対応しており、四千から六千もあるといわれています。あまりに細かすぎて誰も勘定したことがないそうです。インドに住んでいる人たちは過去三千年以上にわたって、このカースト、ジャーティ制度に縛られながら生きてきたのです。

では、そのカーストやジャーティはどのような条件で決まるのでしょう。条件はただ一つ。「生まれ」です。この家系に生まれついたらこの身分この職業、と最初から決まっているのです。これは絶対に変更不可能で、個人に選択の自由はありません。生まれてしまったらもうおしまいです。ですから、多くの人が自由に自分で職業を選んだり、努力し

カースト

【バラモン】 Brahman	司祭	アーリア人
【クシャトリア】 Kshatriya	王侯、武士	アーリア人
【ヴァイシャ】 Vaisha	庶民（農・牧・商）	アーリア人・先住民
【シュードラ】 Shudra	隷属民	先住民

第5ヴァルナ

【アウトカースト】 OutCaste	不可触民	先住民

て自分の夢を実現したりすることを阻まれてきました。

不条理なことの多いインドのカースト制度ですが、この制度のいちばんの問題点は、「けがれ」の概念です。それは、インド社会全般にカースト制度が定着し、バラモンの力が強くなっていくなかで次第に一般化していきました。それは次のような考え方です。

カーストのいちばん上に立つバラモンはまったくけがれがありません。下の階級に行くほど人が持つけがれの量が増えます。それは個人の努力で増やしたり減らしたりできるものではありません。その人の犯した罪咎（つみとが）で増えたり減ったりするものでもありません。この世に誕生したときから生まれ持っているものです。

しかも悪いことに、けがれは伝染します。うつるのです。どうやってうつるのかというと、接触感染、経口感染、視覚感染です。カーストの低い人と上の人の体が触れあうと、けがれがたくさんあるほうから少ないほうへとうつります。けがれている人が作った料理を食べると経口感染します。けがれている人を見ると視覚感染します。うつってしまったけがれは体内で増殖し、特別な儀式を行なわないかぎり消せません。ですから、身分の違う人どうしが衣食住をともにしたり、職業をともにしたりすることはとても難しいのです。なんともすさまじい状況ですが、この感覚はいまもインドの人々の間で共有されています。

これはどう考えても望ましいことではありません。改善すべきです。でも変えられないのです。なぜかというと、その観念が「理屈」ではなく「生理的な現象」としてとらえられているからです。頭で考える理屈の場合は、論理的に説得したり、理性に訴えかけたりして改善していくことができますが、生理的にとらえられている場合は払拭（ふっしょく）するのが容易ではありません。「さわると汚い」という生理的感触でカーストを教え込まれている人たちが、その呪縛から抜け出すのはたいへん難しいことなのです。恐ろしいことです。

このように、バラモンがいちばん上位に位置していて、身分の格差がはっきり決まっているような世界をバラモン教の世界と呼びます。バラモン教はのちにもっと世俗化して、様々な神様を取り込んで「ヒンドゥー教」という宗教になりますが、中身は一緒です。バラモン教の考え方をそのまま受け継いで、いまのヒンドゥー教があるのです。ですから、いまもインドにはカースト制度があるのです。法制度上は否定されていますが、実際はいまも、インドはカースト制度の上に成り立っているのです。

「四民平等」としての仏教

そして——。みなさん、長らくお待たせしました。このような不条理な状況に立ち向かうべく登場してきたのがお釈迦様の仏教なのです。仏教が登場してきた最大の理由はこのシステムを打破することだったと言っても過言ではありません。仏教は「反バラモン教の宗教」なのです。

お釈迦様は考えました。カーストの考え方は絶対に不合理である。どう考えても人は平等だ。生まれや血筋によって差別されて、それだけで人の生き方が決められるなどということは間違っている。叡智(えいち)ある人間がやることではない。

そこで、バラモン教とは全く違う考え方を社会に打ち立てることにしたのです。

しかし、伝統的な考え方を覆すのは難しいことでした。たとえば日本の部落差別は人間が人為的、あるいは政治的に作った人工的な差別です。ゆえに私たちは、人間の本質に優劣があるとか、触るとけがれがうつるなどという主張を論理的に否定することができます。ですから、社会制度を変えて人々の考えを糺(ただ)していけば差別を消すことは十分可能です。多少の困難は伴うにしても不可能ではありません。

ところが、インドのカースト制度は違います。なぜならば、それは神様がお決めになったことだからです。

先ほども言いましたように、バラモン教の世界ではものごとはなんでも神様たちの思いの反映です。カーストという制度も神様が決めました。たくさんいる神様の中でもいちばんトップにいてこの世の全体を司っている「ブラフマン」という神様が決めました。日本では「梵天(ぼんてん)」と呼ばれる神様です。バラモン教はこの梵天さんをいちばん偉い神様として讃えます。だから厄介なのです。

なぜならば、カースト制度を否定するためには、梵天さんが世界を支配しているという考え方全体を否定しなければならないからです。つまりバラモン教という宗教をまるごと否定しなければならなくなるのです。だからこそ、お釈迦様はバラモン教に対抗しうる新しい宗教を作る必要があったのです。

言い換えれば、もしカーストが神様などは関係しないただの社会制度だったら、お釈迦様は社会改革をしたかもしれません。しかし、インドの場合は制度そのものが宗教の上に乗っていたので、それを否定するためには、新しい宗教を作るしかなかったのです。ここに仏教という宗教の生まれてきた理由と本質があります。

人間の価値は生まれや血筋とは全く関係がない、生まれたときは全員平等であるというのが仏教の基本的な考え方です。生まれたときには何も決まっていないのですから、その後その人が幸せになるかどうかは、その人がどのように生き、何をするかによって決まります。お釈迦様はそう考えました。要するに、「努力せよ。それが幸せをつかむ唯一の道だ」と考えたのです。

仏教がめざす幸福は、お金持ちになるとか権力を得るといったレベルの幸福ではありません。真に安らかな精神的境地を追求する、本質的な意味での幸福です。それは個人の努力によって決まります。お釈迦様はそのような新しい宗教をひっさげて、アーリア人が持ち込んだバラモン教に対抗したのです。

ちなみに言うと、血筋・家系だけを重視するバラモン教に反対した宗教は仏教だけではなく、同じような主張を唱える宗教が、そのころの社会にたくさん登場していたようです。時代の潮流だったのでしょう。それらをまとめて「沙門宗教」といいます。沙門とは「努力する人」という意味です。カースト制度の社会では生まれたあとにいくら努力しても無駄だったけれども、いやいやそうではない、努力次第で幸福になれるのだという人々がたくさん現れ、そのうちの一つとして仏教があったのです。

おそらく、バラモンたちからすれば目障りな存在だったでしょう。自分たちは何もしなくても、社会の中のいちばんいい位置にいて人々に崇(あが)められているのに、横合いから出てきた新興宗教が「いやそれは違う、人の価値は生まれたときには何も決まっていない。生まれたのちに積み重ねた努力がその人の価値になるのだ」などと主張するのですから。余計なことを言うなと敵視して、両者の間には大きな軋轢が起こりました。

そんなこともありまして――、残念な結論を先に言いますと、せっかくお釈迦様がおつくりになった仏教ですが、インドではその後つぶれてしまいました。千五百年続いたのですが、結局は滅んでしまったのです。いまからちょうど千年くらい前です。

仏教が滅亡した理由については、「イスラム教が侵入してきたため」などとしばしばいわれますが、そうではありません。イスラム教に滅ぼされたのなら、仏教の兄弟分であるジャイナ教なども消滅したはずですが、ジャイナ教は残りました。ですから、滅びたのは仏教自身の問題だったと思います。それはつまり、ヒンドゥー教のパワーに巻きこまれたのです。仏教はヒンドゥー化して消滅したのです。実際、ヒンドゥー教を見ますと、八百万の神様の中に「ブッダ」という名前の神様がいます。お釈迦様はヒンドゥーのヴィシュヌ神の化身の一人になったのです。

もしそのまま仏教が本来のあり方を守って、バラモン教に対抗し続けていたなら、いまのインドにカースト制度はなくなっていたでしょう。しかしそれは、依然として存在します。お釈迦様の思いは叶わなかったということです。

でも、お釈迦様のおつくりになった仏教は他の国に伝わって残りました。本家で滅びてよそで残ったのは皮肉ですが、おかげでいま全世界にこれだけ多くの仏教徒がいるのです。

またそのインドでも、いったん滅びた仏教が、いま息を吹き返しつつあります。その理由は、国の経済発展にともなって多くの人々が、カースト制度に縛られていると自分たちの生活は少しも向上しないということに気づいたからです。たくさんの人が仏教に改宗しはじめています。ミャンマーやチベットのお坊さんたちもインドにやってきて、お寺を作って盛んに活動しています。日本の仏教者も海を渡って頑張っているようです。一種の〝仏教ルネサンス〟といえましょうか。

もちろん、いま起こっている仏教は、お釈迦様時代のそれと全く同じではありません。でも、期待すべき動きだと思います。人間は生まれではない、努力次第で苦しみを克服することもできるし、幸福をつかむこともできると考えたお釈迦様の理想がようやくインドに定着するかもしれない――という気配が、少しだけ見えています。

そうなったらいいなと思います。注意深く見守っていきたいと思います。

ということで、1時限目の授業を終わります。

2時限目　釈迦の生涯

本名はゴータマ・シッダッタ

いよいよ本題に入って、お釈迦様の生涯についてお話しします。

普通の講義ですと、お釈迦様が生まれました、こんなことがありました、あんなことがありました、悟りました、と順番に語るだけで終わってしまいますが、それでは面白くありませんので、できるだけ一つ一つのエピソードが意味しているものや、その奥に秘められている意図のようなものを意識しつつ、ご説明していきたいと思います。一見なんということもない逸話が案外深い意味を持っていることがあります。そこをお話しするのがこの時間の目的です。

その前に、「お釈迦様」の呼び名について確認しておきましょう。

私はこれまでとくに説明もせずにお釈迦様と呼んできましたが、「お釈迦様」は通称です。本名はゴータマ・シッダッタさんとおっしゃいます。ではなぜお釈迦様なのかと言いますと、お生まれになった一族が「釈迦族」だからです。正しい言い方をするなら「釈迦牟尼（むに）」というのがよろしいです。「牟尼」というのは立派な人という意味ですから、「釈迦族に生まれた立派な人」ということになります。

一方、「ブッダ」という呼び名も一般的ですが、これも注意が必要です。ブッダというのは特定の人の名前ではありません。「悟った人」「目覚めた人」という意味の一般名詞です。悟りを開いた聖人はすべてブッダです。お釈迦様一人に限りません。しかし、なかでもお釈迦様がいちばん有名なので、「お釈迦様」＝「ブッダ」のような話になったのです。

それから、「ブッダ」と「仏（ほとけ）」は同義語です。ブッダは「仏陀」と当て字しますが、しだいに「陀」の字が使われなくなって「仏」だけになったのです。

このようにいろいろ呼び名はありますが、この授業では、お釈迦様、あるいは釈迦という呼び方で通すことにいたします。

釈迦は実在か

お釈迦様の人生を語るとき、根拠になるのは「仏伝」と呼ばれる伝記です。仏伝は古来、数多く伝わっており、小さいものも含めて数十本あります。古いものほど簡略で、新しいものほど詳しくなる傾向があります。もっとも古い仏伝を見ますと、「お釈迦様は菩提樹（ぼだいじゅ）の下でお悟りになりました」から始まり、やがて「こんなに立派な宗教になりました」でおしまいです。ところがあとの時代になると、どこで生まれ、どんなふうに育ち、どんなことがあって、どのようにして亡くなった、先祖はどんな人だったと、こと細かに、言わないでいいようなことまで言っています。とうてい事実とは思われないことが次から次に語られます。私たち仏教を研究する人間は、これらの仏伝を見ながら、では本当のお釈迦様はどういう人だったのだろうということを推測していくのです。

あまり嘘っぽいエピソードばかり読みますと、この人はそもそも実在の人なのだろうかと疑問もわきます。そうなのです。ひょっとしたらお釈迦様は架空の人物なのではないかという疑いも、過去に何度も出されました。「太陽神と関係している伝説上の人物である」とか、「お釈迦様のモデルはエチオピア人だった」という説もありました。いまでは笑い話ですが、そんなことがまことしやかに議論されたときもあったのです。

しかし、いまではお釈迦様はほぼまちがいなく実在の人物だとされています。というのも、お釈迦様が実在であるという立派な証拠が見つかったからです。

何だと思いますか。それはお釈迦様の死後百年から二百年くらいのころ、インドにアショーカ王という王様が登場し、自分の行なった業績や自分の思いを大きな岩石の表面に彫らせたのです。その碑文の中にお釈迦様が実在したことを裏づける言葉が見つかったのです。

石に彫った言葉というのは、歴史研究にとって本当にありがたい情報です。なぜなら書物の場合だと、しばしば捏造や改変があって、情報の信憑性に問題が多いのですが、石に彫った碑文には疑いの余地がないからです。また、一個や二個ならインチキの可能性もありますが、アショーカ王はインド北部全域で四十ヵ所以上の岩石に彫らせましたので、インチキは不可能です。正真正銘の本物です。

碑文は二千年以上前の古い文字で書かれていたので、長く誰も読むことができなかったのですが、一八三七年にジェームズ・プリンセプというイギリスの考古学者が解読しました。これによってそれまで知られていなかった重要な事実がたくさん浮かび上がってきました。お釈迦様のことが書かれているのは、そのうちでもネパールのルンビニというところに立っていた石の柱で、そこにはアショーカ王の言葉で、「ここはお釈迦様が生まれた場所だから、税金を六分の一まけてあげる」と書かれてありました。

これはどう考えてもお釈迦様を実在の人物だと考えている人の言葉です。お釈迦様とアショーカ王の間は百年か、長くても二百年と推定されています。その程度の幅の中で架空の人物が実在の偉人として伝説化することは考えにくい。近い時代の情報として「釈迦はここで生まれた」とアショーカ王が言っているのですから、お釈迦様はネパール生まれの実在の人物だったと考えていいと思います。

アショーカ王碑文からは様々なことが読み取れて、お釈迦様の年代確定を考察するうえでも面白いお話がたくさんあります。ここで語りはじめると時間内に収まりませんので、4時限目と5時限目の間に「仏滅はいつか？」という課題について解説を設けました。興味のある方はご参照ください。

天上天下唯我独尊

では、お釈迦様の生い立ちからお話ししていきます。仏伝にのっとったお話ですから全部を歴史的事実だとは思わないでください。大枠だけ本当だと考えていただきたいと思います。

まず、お生まれになったのはヒマラヤ山脈のふもとです。ここに釈迦族が治めているカピラヴァットゥという国がありました。お父さんはスッドーダナさんという名の王様で、お母さんはマーヤー夫人といいます。

生年月日は不明です。いまからおよそ二千五百年前ごろの何月何日かです。ずいぶん漠然としていますが、約二千五百年前という数字がわかるだけでもたいしたものです。この情報の出どころはアショーカ王碑文です。アショーカ王碑文がなかったら、それすらもわかりませんでした。「いまから数千年前です」としか言えなかったと思います。ですからアショーカ王に大いに感謝です。

お釈迦様のお誕生のときの有名なエピソードがあります。生まれ落ちるとすぐに七歩歩き、天と地を指さして何かすごいことを言ったという伝説です。ご存じの方、おられますか？　手が上がりました。どうぞ。そうです、「天上天下唯我独尊」とおっしゃったのです。意味は、おわかりですか？　「この世の中で私だけが立派」。その通りです。「皆、私だけを頼りにせよ」という意味です。赤ちゃんのくせにずいぶん偉そうですね。しかし、これには次のような解釈があります。

古代インドには「輪廻」という考え方があります。すなわち、人は死んだら終わりではなく、人間界だとか、天だとか、あるいは地獄だとかを生まれ変わり死に変わりしながら、永遠に命が続いていくという考え方です。

お釈迦様にも当然前世があります。普通の生きものが生まれ変わるときには前の一生が終わってから次の一生が始まります。しかし、お釈迦様は立派な方ですから前の一生の力も非常に強くて、生まれ変わっても少しだけ前世のパワーが残っていたというのです。その力が生まれたばかりの赤ちゃんを七歩歩かせ、「唯我独尊」と言わせ、そこで終わってエネルギー切れになったというのです。ですから、最後の一言を言い終わるとただの赤ちゃんに戻って、ふにゃふにゃと崩れてオギャーと泣いたのだ——と。

もちろん、これは作り話です。でも当時のインドの人たちが「輪廻」を本気で信じていて、私たちの生は過去をさかのぼっていけばいくらでも生まれ変わり死に変わりが続いていると考えていたことだけは心得ていてください。

「老病死」を知る

さて、スッドーダナ王は大切な跡取りを授かりましたのでとてもよろこんで、お釈迦様を目に入れても痛くないほど可愛がりました。そんなある日、アシタ仙人という占い師が来たので、王様は息子を仙人に見せて、この子の将来はどうでしょうかと占ってもらいました。すると仙人は言いました。

この王子様は間違いなく世界一立派な王様になるお方です。ただし、違う道に進む可能性もあります。もしもこの子が、この世に存在するいやなもの苦しいものを知った場合には、王の座を捨てて宗教家になるでしょう。そして、宗教家になった場合は最高の悟りを開かれるでしょう——と。

輪廻

六(五)道
①【天】てん　神々
②【人】にん　人間
③(阿修羅)あしゅら　悪しき神々
④【畜生】ちくしょう　牛馬などの動物
⑤【餓鬼】がき　飢餓などで苦しみ続ける生き物
⑥【地獄】じごく　ひたすら苦しむ恐ろしい状態
命あるものは、
この六(五)種類の領域の中で、
ぐるぐるといろいろなものに生まれ変わっていく

それを聞いた王様は、ぜんぜんよろこびませんでした。自分の息子には自分の跡を継いでもらいたいと思っているのです。出家などされたらたまったものではありません。お家がつぶれてしまいます。ですから、ぜったいに出家させまいと心に決めました。

でも、いったいどうしたらいいのでしょうか。王様は悩みました。

日本ではお寺の子に生まれたからお坊さんになりましたという方が多くて、志してお坊さんになる人は少数派です。が、本来の出家はそうではありません。生きることに耐えがたいストレスを感じている人が、それまでの人生を全部リセットして新しい人生を歩むために出家します。逆に言えば、生きることに何のストレスも感じていない人は出家などしません。ということは、その人を出家させまいと思ったら、とにかくいまの生活に満足させればいいのです。

そこで、スッドーダナ王はお釈迦様をそのように育てました。花よ蝶よとちやほやし、欲しいものは何でも与え、美しいもの楽しいものしか目に入らないようにしました。

にもかかわらず、最終的にお釈迦様は出家してしまいます。これがお釈迦様の凡人と違うところです。

では、お釈迦様をその気にさせたのは何だったのかといいますと、それは「四門出遊（しもんしゅつゆう）」

という有名なエピソードに伝えられています。仏教の本質をよく語ったお話です。

お釈迦様は王子様ですからお城に住んでいて、王宮には東西南北に四つの門がありました。父王はそれまで、息子に楽しく美しいものだけを見せるために、この王宮の中に閉じ込めて、〝箱入り息子〟状態で育てたのですが、そうこうするうちに青年になりました。そこで、いくらなんでももう大丈夫だろう、この子もまもなく王になるのだからそろそろ世間のことも見せておかねばと、外の世界の見物に送り出しました。

外出許可をもらったお釈迦様は馬車に乗って出かけました。例の『ベン・ハー』みたいな立ち乗りの馬車に乗ってです。これを御者に操らせ、一種のピクニックも兼ねて行ったわけです。

まず、四方に開いた門のうちの一つから出発しました。お釈迦様にとっては見るもの聞くものぜんぶ初めてですからとても珍しかったのですが、そのうちに向こうからやってきた一人の人物に目が釘づけになりました。

誰だと思われますか？　ハイ、それは「老人」です。老いさらばえて、貧相な身なりをしていて、おそらく身寄りもないのでしょう、よろよろとぼとぼ一人さびしそうに歩いていました。お釈迦様はそういう「老人」というものを一度も見たことがなかったのでびっくりして、御者に「あれはいったいどういう者であるか」と聞きました。すると御者は「あれは老人であります」と答えました。「私たちが一年に一つずつ年をとって七十、八十、九十となっていくと、だんだん腰が曲がり、しわが増え、あのような姿になるのであります」。お釈迦様は重ねて聞きました。「それは、何か理由があるのか。あの者は何か特別なことをしたのか」。御者が答えます。「いいえ、理由はございません。人は年をとれば誰もが皆ああなるのでございます。何かをしたからこうなる、しない人はこうならないというものではございません」

お釈迦様はショックを受けました。それまでお釈迦様は何かをしたい、何かが欲しいと思ってかなわなかったことはありませんでした。しかし、その「老い」とやらはどんなにイヤだと思っても、どんなに頑張っても避けられないというのです。自分の意思とは無関係に襲ってくる不幸です。王様であろうが平民であろうが金持ちであろうが貧乏であろうが、全員にふりかかってくる不幸。全く理不尽な不幸です。しかし、それが人間の現実のあり方だというのです。

お釈迦様は何も見物する気がしなくなって王宮に馬車を返させ、ふさぎこんでしまいました。

その様子を見た王様は、いったいどうしたのかと心配し、きっと方角が悪かったに違いないと思い、別の門から出て別のところを見てくるよう勧めました。

促されたお釈迦様は別の門から出発して、別の方角を見に出かけました。すると、またもや見たこともない人間が向こうからやってきました。

今度は何でしょう？　ハイ、それは「病人」です。こないだ見たような老人ではなく、若い人でした。ところが老人にも増して弱々しく、血の気の失せた顔色をして、痩せこけて、ハアハアゼイゼイ苦しそうな息をしています。お釈迦様はまたびっくりして御者に尋ねました。「あの者はどうしたのだ。とても苦しそうだ」。すると御者が答えました。「あれは病であります」。お釈迦様がまた聞きました。「病とは何だ、特別な理由があるのか？どういうことをしたら病になるのだ」。御者が答えます。「いいえ、理由はございません。病というのはどのような人でも、突然にかかるのです。何をしたから病気になるとか、何をしなかったから病気にならないというものではございません」

これもまた「老い」と同じように、自分の意志ではどうにもできぬ、この世に厳然と存在する苦しみです。お釈迦様はたいへんなショックを受けました。そして、何も見る気がしなくなってすぐさま王宮に戻り、前にも増してふさぎこんでしまいました。

その様子を見た王様は、これはまたどうしたことかと心配し、やはり今回も出かける方角が悪かったためだと考え、気を取り直して別の方角から外出してみるよう促しました。そして、お釈迦様は三番目の門から出て町に行きました。そして、三度(みたび)たいへんなものに出会ってしまいます。

今度は何でしょう？ もうおわかりですね。ハイ、それはお葬式の行列です。インドのお葬式は日本と違ってお棺を使いませんので遺体がむきだしです。その死者の姿にお釈迦様の目は吸い寄せられました。死んだ人を見るのは生まれて初めてです。もちろんきれいなものではありません。青黒く変色して、異臭を放って腐りかけていました。

お釈迦様は仰天して、また御者に聞きました。「あの者はいったいどうしたのだ」。御者が答えました。「あれは死人であります」。またお釈迦様が聞きました。「死人とは何だ。いったいどうしたらあんなことになるのだ」。御者が答えます。「いえ、理由はありません。人間は誰しも最期には必ずああなるのです。どんな身分の人でも、どんなよいことをした人でも、悪いことをした人でも、関係なく死は訪れます。誰でも必ずあのような冷たい肉体になるのであります」

お釈迦様のショックはここに極まりました。「老い」と「病気」と「死」。合わせて「老病死」といいますが、これが、私たちの苦悩の総元締めです。人の人生を虚しくする苦悩の親玉です。

個人の力ではどうにもできない厳然たる事実を知って、お釈迦様は以前とは人が変わったように明るさを失ってしまいました。

お釈迦様がふさぎこんだのも当然です。考えてみてください。この世に老病死というものがあるかぎり、どんなにいまが楽しくても、豊かでも、金銀財宝に囲まれていても虚しいのです。いずれ老い、病み、衰えるのなら、いま健康でも美しくてもうれしくありません。どんなに高い地位や名誉が手に入っても、一時のことでしかないなら、努力する意味もありません。

また、老病死が絶対に避けられないものであるならば、人は生まれた瞬間から老いや死に向かって生きているわけであり、極端に言えば、人間は死ぬために生まれてくるのかという話です。にもかかわらず――、すべては虚しい、何をやっても意味はないとわかっても、やはり楽しい思いをしたい、お金が欲しい、いつまでも若く美しくありたいという願望は捨てきれないのです。要するに煩悩(ぼんのう)です。まったくの矛盾です。お釈迦様はこの大問題を解決しかねて、悩みのるつぼに落ち込んでしまったのです。

しかし――、そうです、みなさんもお気づきですね。門はまだあと一つ残っています。口もきかなくなってしまった息子の様子を見て、父王のスッドーダナさんは三度目ならぬ〝四度目の正直〟で、残る一つの門から外の世界を見ることを促しました。それを受けて、お釈迦様はまた馬車に乗って出かけました。すでにこの世の苦悩の大物にはすべて出会いましたので、残り一つで何に出会うのか恐いのですけれども、ここで出会ったものが、お釈迦様の以後の人生を決定するのです。

何に出会ったと思いますか？　わかる方、いらっしゃいますか？

手が上がりません。では、申します。

それは――、修行者です。

何年も櫛を入れたことのないボサボサの蓬髪に、伸び放題の髭。申し訳程度に身につけている服はボロボロ。全身に砂埃をかぶり、杖一本ついて、足は裸足。若いのか年寄りなのかも判然としない、それは見るからに不思議な人物でした。しかし、姿恰好はみすぼらしいのに、顔つきはいままで見たことがないほどしっかりしていて、目も生き生きと輝いています。

お釈迦様は「あれは何者か」と御者に聞きました。御者は答えました。「あれは修行者でございます」。お釈迦様は重ねて聞きました。「修行者とはなんだ」「王子様と同じように老病死の苦しみを自覚した人が、その苦しみから抜け出し、幸せになるために選ぶ生き方であります」。お釈迦様はハッとしました。「しかし、あんなにみすぼらしい姿で、あれが幸せにつながるとはとても思えない」。すると御者が言いました。「それは違います。むしろ美しく着飾って、たくさんお金を持って、豊かな暮らしをするほど老病死の苦しみは大きくなるのです。あの方はその苦しみを消すために、自分がこの世で執著しているものを全部捨てたのです。老病死に襲われても、執著するものがありませんから、心は安穏です。そしてそのような生き方を続けながら、毎日修行しておられるのです」

お釈迦様の心に一条の光がさしました。

それまでお釈迦様はいくら王子としてすばらしい生活をしていても、老と病と死がやってくれば一ぺんに吹き飛んでしまうという事実に苛まれていたのです。そして、その難問を解決する道はないかと考えあぐねていたのです。人生に何の目標も楽しみも見いだせないのだとしたら、自分はいったい何のために生まれてきたのか。いったい何のために生きているのか。そんな絶望感でいっぱいだったのです。ところが、そのボロボロの修行者は、人生というものはそればかりではない、もっと違う生き方もありますよという選択肢を見せてくれたのです。

お釈迦様が出会ったこのような修行者はいまもインドの各地にいて、「サドゥ」と呼ばれます。

それから間もなくお釈迦様は出家しました。父王のスッドーダナさんがいちばん恐れていた事態になったのです。

仏伝によると、お釈迦様はある晩、みんなが寝静まったあとチャンナという馬丁をそっと呼んで、「私はこれから出家する。皆に気づかれないように馬を引いてこい」と言い、カンタカという愛馬に乗ってお城から抜け出したそうです。そして、南へ南へと下って、いまの国境を越えてインドへ入りました。そして、馬を降り、身につけていた宝石やきらびやかな衣はすべてチャンナに与え、馬とともにお城に帰るように申しつけました。

無一物になったお釈迦様はボロ布のようなものだけ体にまとって、森の中に入っていきました。これがお釈迦様の出家です。

地位も捨て、財産も捨て、父王の望みも振り切りました。このときお釈迦様にはすでにお后もいたのですが、それも置き去りにしての出家です。家族は悲嘆にくれたでしょう。ある意味では自分勝手ともいえます。でも、そう言っては身も蓋もありません。それほどにお釈迦様の苦しみは切実だったのです。他にどうすることもできないほど苦しかったのです。自ら死を選ぶ代わりのギリギリの選択肢、それが出家です。ゴータマ・シッダッタ、二十九歳のときでした。

「森の生活」

かくしてインドの森の中へ入ったお釈迦様ですが、なぜ森だったのでしょう？　それは、先の時間にも申しましたように、当時のインドにはバラモン教の考え方に反対する沙門宗教がいろいろ登場していて、修行者はみな森で暮らしていたのです。「自分の幸せは自分が努力することによってつかむ」という価値観を持っていた人々です。出家したお釈迦様は、森の中に入って、沙門の一員になろうと思ったのです。

しかし、最初はどうしていいかわかりませんので、先達（せんだつ）にいろいろ教えてもらう必要がありました。そこで二人の先生につきました。一人目のお師匠さんはアーラーラ・カーラーマさんという人です。この人に修行者として初歩的なことを習い、それが終わると、そのあとにもう少しレベルの高いウッダカ・ラーマプッタさんという人に習いました。これがお釈迦様が生涯に指導を受けた、ただ二人の先生です。

細かいことは省略いたしますが、この二人にお釈迦様が習ったことは精神集中の方法、すなわち「瞑想（めいそう）」です。インドという国には独特の文化があって、精神を集中してものを考えることをすごく大切にします。瞑想はたぶんお釈迦様よりも千年以上前から伝統があります。みなさんもよくご存じのヨガも瞑想の一種です。

とは言っても、精神を集中するとはどういうことか、わからない方も多いのではないでしょうか。要するにこういうことです。私たちは通常、目とか耳とか鼻とかいろいろなところから様々な情報が入ってくる〝情報の交差点〟のようなところにいます。心の中は都会の雑踏のような賑やかな状態ですから、注意がいろいろなところに分散していつもふらふらしています。そこで、これら雑多な情報をすべて遮断して、目標とするただ一つのことをターゲットとして熟考するのです。

と言うと特別なことのようですが、ここにいるみなさん全員、やったことがあります。かつて、数学の宿題を解いていたときを思い出してください。テレビを見ながら、あるいはお友達と話しながら数学の問題を解ける人はいません。外からの不要な情報をみんなシャットアウトしたときに初めて、心が集中できて、答えが出るのです。

そのような精神の働きによって数学の問題が解けるのだとすると、人間が作り上げてきた文化の多くは精神集中によって生み出されてきたことがわかります。科学、技術、芸術、みんなそうです。よい音楽、すばらしい絵、美しい詩。これはぜんぶ、精神を集中した人たちが生み出してきた、その結果です。そんな精神集中の重要性をインド人ほど理解していた人々はいません。それを、アーラーラさんとウッダカさんから習ったのです。

しかし、この二人とは間もなく袂（たもと）を分かつことになりました。なぜなら肝腎の目的が違ったからです。彼らの目的は普遍の真理を求めるというよりも、どちらかというと現世的な幸福にありました。精神集中の力で幸せなところに生まれて、楽に暮らしたい、という考え方です。しかし、お釈迦様はこの世の一切の苦悩から解き放たれた、永遠に安らかな境地のようなものを目指していましたから、ともに歩むことができなくなったのです。そこで、お礼を言ってそのもとを去ります。

ちなみに、瞑想というとみなさんは日本の禅僧のように坐禅を組んで、目をつぶって、という姿を想像されるでしょうが、必ずしもそうではありません。要は精神を集中すればいいのですから、座っていなくてもいいのです。動くほうが集中できるのなら動いても構いません。実際に木だとか建物だとかのまわりをぐるぐる回りながら行なう瞑想もあります。

苦行では悟れない

かくしてお釈迦様のたった一人の戦いが始まるのですが、面白いことに——と言っては変ですけれど——、お釈迦様はここで失敗しました。間違った方向にいってしまったのです。どういうことかというと、苦行、つまり肉体を痛めつけるような修行方法にひかれてしまったのです。

たとえばいまの私たちも〝願かけ〟のために好きなものを断ったり、我慢したり、「辛抱する」ことによって目的に近づこうとすることがあります。それと同じように、宗教の修行にも、自分の身を鞭打ったり、茨の上に寝たり、水を飲み続けたりする苦行がありま す。

なぜこのようなことをするかというと、その背景には、「これだけ苦しい思いをしているのだから報われるだろう」とか「悪い要素は帳消しになるだろう」という心理があるのではないでしょうか。お釈迦様も、食を断ったり、息をとめたりする過剰な苦行を行なうことによって自分の中の悪い要素を相殺し、それによって老病死の苦しみから逃れようと考えたのです。しかも六年間もやりました。六年といえばたいへんな年月です。そのせいでガリガリに痩せてしまいました。しかし、骨と皮ばかりになっても答えが出ません。い

サドゥたちが苦行として行なった修行の例

① 裸で暮らし、礼儀を無視して、食後には手をなめる。

② 草、牛糞、森の樹木や果実を食べて暮らす。

③ 麻の衣を着る。

④ 髪を抜いてしまう。

⑤ 立ったままで暮らす。

⑥ 片足で立って暮らす。

⑦ 茨の上に寝る。

⑧ 水を飲み続ける。

⑨ 1日に数度、沐浴する。

⑩ 断食。

⑪ 無言。

釈迦苦行像
（パキスタン・ラホール博物館蔵、撮影／田中学而）

ろいろなものへの執著もなくなりませんし、老病死への恐れも相変わらずです。このままでは悟るより先に衰弱して死んでしまいます。そうなって初めてお釈迦様は、「これは間違っている」と気づきました。どんなに肉体をいじめても、苦痛を我慢しても、真の問題解決にはならないとわかったのです。

それからは考えを一転させました。まず衰えきった肉体を回復しなければなりません。手元には食べるものが何もないので、出会った山羊(やぎ)飼いの娘さんにミルクを分けてくれるように頼みました。娘さんはミルクでご飯を炊いた乳粥(ちちがゆ)というものを作ってふるまってくれました。このお嬢さんの名前はスジャーターさんといいます。これにあやかって、乳製品やアイスクリームなどに「スジャータ」という名前がついているものをときどき見かけます。ありがたい感じがして、私もよく食べます。

乳粥のおかげですっかり健康を回復したお釈迦様は、豊かに繁っている大きな木を見つけ、その下に座って新しい修行に入りました。

え？　なぜ木の下だったのか――ですか？　ハイ、よい質問が出ました。それは、太陽の照射の激しいインドでは、もっとも快適な場所は風通しがよくて日のあたらない木陰だからです。つまり、それまでの苦行とは正反対に、いちばん肉体的に楽な場所に体をすえて、ただ集中して考えることを始めたのです。これがお釈迦様の仏教の最終的なスタイルとなります。精神集中して自分の心と向き合う。それだけです。過去の失敗の経験にもとづいて、仏教は一切の苦行を否定する宗教になりました。肉体を傷めつけたり、過剰に何かを我慢したりすることはありません。ですから外から見れば何もしていないように見えます。でも精神の内部ではすごい勢いで活動しているのです。

この修行によって、お釈迦様はついに悟りに至りました。人が生まれた瞬間からつきまとうあらゆる苦しみから解放されるすべを知ったのです。その悟りのことを「菩提(ぼだい)」といいます。それで、お釈迦様が菩提に到達したその大きな木は、菩提樹と呼ばれるようになったのです。

ではお釈迦様はそのとき、どのような真理を手にされたのでしょう？　それは、こういうことです。

まず、人の苦しみはそもそもなぜ生まれるのでしょうか。それはこの世のすべてが無常だからです。みなさんもよくご存じの言葉、「諸行無常(しょぎょうむじょう)」です。そしてまた、この世のできごとはすべて原因と結果の厳正な因果則によって動いていきます。すべてが原因と結果によって動いていくということは、この世の事象はいっときたりとも止まらないということとですから、確固として安定したもの、不変のものはありえないということになります。常にうつろいます。どんどん崩れていきます。しかし、私たちの心はいつまでも変わらないものを求めます。だから、人間にとってこの世のものごとはすべて「苦」になるのです。それをまず理解しなければいけません。

そして、それがわかったら、今度はいかにしてその苦を取り除いていくかが問題となります。しかし、苦しみをなくすことは基本的に不可能です。諸行無常を止めることなどできないからです。ではどうするかというと、諸行無常の世のありさまを受け止める私たちの心のほうを変えるのです。これが、お釈迦様が見つけ出した生き方です。それは「ものは考えよう」とか「柔軟思考のススメ」といった気軽なレベルの発想転換ではありません。自分のあり方そのものを変えてしまうような、根本的な変化の追求です。そうしないと本当の精神的安寧は訪れないとお釈迦様は考えたのです。

このようにして、お釈迦様はこの世のことわりを知りました。そして、あらゆる煩悩や執著を離れ、真に心安らかな境地に至ることに成功したのです。これを「涅槃」といいます。涅槃というのは死んだあとの状態だとお考えになっている人が多いかもしれませんが、生きていても悟った状態であれば涅槃です。お釈迦様が悟ったのち入滅されるまでを

「有余涅槃」といいます。そして、亡くなられたあとのことを「無余涅槃」というのです。

「自分助け」から「人助け」へ

仏伝ではこのあと、一つのエピソードによってたいへん重要なことを伝えています。それは仏教が「自己救済」の宗教から「慈悲の宗教」へ転換していったことを示す逸話です。

お釈迦様はいま述べたようなたいへんな努力の果てに悟りを得ましたが、だからといってその考えを外に広めて他の人も助けようという気持ちは、この時点では全くありませんでした。当然です。もともとお釈迦様は自分が苦しくてたまらず、やむにやまれず出家したのです。「よし、新しい宗教を作って民を救済しよう」などというつもりで出家したのではありません。家柄、身分、血筋や財産といった、みせかけの飾りつけではあらがうことのできない、究極の苦しみに身もだえし、そこから何とか抜け出そうという必死の思いで俗世を捨てたのです。

ですから艱難辛苦の果てに目的を達成したときはホッとして、自分の苦しみは終わった、あとはこの安らかな状態で寿命がくるまで淡々と生きて、淡々と死んでいこうと考えたのです。「世のため人のため」という思いはまったくありませんでした。

じつはこれは仏教のいちばんの原点であり、そしてもっとも重要な点でもあります。なぜならば、仏教というのは最初から人助けを目的とするような余裕のある人のための宗教ではないからです。生きていることが困難なくらいの自分の心の苦しみをどうやって取り除くかということを、自分で考え、自分で方法を見つけ、自分で治療していった釈迦の足跡。それが仏教の出発点なのです。

しかし、結果から言うと、それだけではすみませんでした。もしそれだけで終わっていたなら、仏教という宗教は誕生していません。それがちゃんと誕生して世にこれだけ広まったのは、空から「梵天さん」が降りてきて――覚えておいでですか。インド八百万の神々の中でもっとも偉い神様でしたね――、「あなたがお悟りになったその道は、世の中で苦しんでいる多くの人を救うことになるので、ぜひ皆にその道を教えてください」と頼んだからです。

お釈迦様は最初、その頼みを拒否したそうです。「私が悟ったのはあくまでも自分自身の苦しみを除くための道であり、それで他人様を皆救えるわけではありません」。すると梵天さんは、「それは確かにあなたの言うとおりで、たぶん全員を救うことはできないでしょう。しかし、少なくともあなたの教えに共鳴した人に対しては役に立ちます。ですからその人たちのために立ちあがってください」と重ねて頼みました。お釈迦様もそれならば、と、初めて自分の体験をほかの人に教える気になったのです。ここにおいて初めて仏教は「自分のための宗教」から「人々のための宗教」、つまり慈悲の宗教へと変わったのです。

このような経緯がありますから、お釈迦様の仏教における「布教」は一般的な宗教におけるような布教とは違います。いちばんの目的は自己救済です。そののちに、救いを求めている人がいたら手助けをするという順序です。またそのやり方は、自分自身が努力している姿を相手に見せて、よいと思った人には真似してもらうという形です。これが基本です。最初に布教ありきという発想で自分の思想をアナウンスするのではありません。

ときおり自己救済は「利己」と同じ意味だと誤解されていることがあるのですが、違います。仏教の言葉では「利己」ではなく「自利」といいます。自利とはまず自分自身をきちんと確立することです。それがまわりまわって他人のためになる。すなわちこれを「利他」といいます。この「自利」「利他」の組み合わせがお釈迦様の仏教の一つの特徴です。すなわち、仏教の慈悲は、単純な「人助けの慈悲」ではなく、「自利＋利他の慈悲」なのです。このことはぜひ心にとめておいていただきたいと思います。

四十五年の活動

梵天さんの説得によって考えを変えたお釈迦様は、以後八十歳で入滅するまで約四十五年間、悩み苦しむ人たちに教えを説きつづけました。

いちばん最初に行った場所はベナレス、いまでいうヴァラナシです。ガンジス川とヤムナー川という二つの大きな川が交わったところで、死者を送る場所として有名な聖地です。そのような宗教性の強い場所なので、自分の言うことに耳を傾けてくれる人もいるに違いないと思ったのです。そして、その近郊のサールナートというところで最初の説法を行ないました。これを「初転法輪（しょてんぼうりん）」といいます。「転法輪」とは法の教え（仏教の教え）を車輪を転がすように広めていくことで、その初運転という意味です。

このとき話を熱心に聞いてくれた修行者が五人いました。五人はお釈迦様に深く共感し、最初の弟子になります。

初転法輪の中でお釈迦様は、「四諦八正道（したいはっしょうどう）」をお説きになりました。人生に満ち満ちている苦しみのことわりについて述べたものです。お釈迦様の重要な思想であり、また仏教の基本方針のようなものといえますので説明しましょう。「諦」というのは「あきらめ」ではなく、「真理」という意です。ですから、「四諦」とは「四つの真理」ということになります。すなわち、「苦諦(くたい)」「集諦(じったい)」「滅諦(めったい)」「道諦(どうたい)」です。八正道とはその真理を実践するための八つの道です。

「苦諦」とは、人が生きるということは全部苦しみであるという真理です。その最たるものは老病死という絶対に避けられない苦しみです。「集諦」とはその苦の原因について述べた真理です。苦の原因はいろいろ考えられますが、そのおおもとは「自分の心」。その心の中にある煩悩という悪い要素です。たとえば老病死の苦しみを耐えがたいものに増幅させてしまうのも煩悩です。「滅諦」はその煩悩を消すことによって苦が消えるという真理です。そして、そのための実践の道について説いた真理が「道諦」です。

仏道修行者はこの四つの真理を胸に刻んで、日々自分をよりよく変えるための努力をしていくのです。

このような説法をお釈迦様は各地で行ない、お弟子さんはどんどん増えていきました。

また、お釈迦様はサンガ（僧団）と呼ばれる共同生活の場を作り、みんなで集まって修行にはげむことにしました。四十五年の布教生活の中で、お弟子さんの数は千人を超えたといわれています。

なお、お釈迦様が〝仏教の旗印〟とされた主要なキーワードについては77ページの図をご覧ください。

お釈迦様の残したもの

時間が迫ってきましたので、ちょっと急ぎ足になりますが、お釈迦様の入滅のときのお話までしてしまいましょう。お釈迦様が亡くなることを入滅というのです。

晩年、お釈迦様は北のほうへ向かって布教の旅に出ました。自分の人生が終わりに近いことを悟って、故郷を目にしたいと思ったのかもしれません。そして、郷里に近いあたりまで来たところで病に倒れてしまいます。

ここでまたみなさんに質問です。どなたかお釈迦様の死因を知っている方、いらっしゃいますか？　ええと……手が上がらないようです。ではお教えします。食中毒です。土地の人に、何か毒のある、キノコか何かをふるまわれて当たったのです。インドは暑い国ですから食中毒は日常茶飯事ですが、お釈迦様もそれで亡くなったのです。

この話、とてもいいでしょう。すごく現実的です。劇的なことは何もありません。ごく普通の人の最期です。お釈迦様は不老不死の仙人ではありません。生き返ったりもしません。仏教が「普通の人によって作られた、普通の人のための教えだ」ということをよく表

四諦八正道

四諦

①【苦諦】くたい——この世はひたすら苦であるという真理。一切皆苦

②【集諦】じったい——苦の原因は煩悩であるという真理

③【滅諦】めったい——煩悩を消滅させれば苦が消えるという真理

④【道諦】どうたい——煩悩の消滅を実現するための**八つの道**

八正道

①【正見】しょうけん——正しい**ものの見方**

②【正思惟】しょうしゆい——正しい**考え方**をもつ

③【正語】しょうご——正しい**言葉**を語る

④【正業】しょうごう——正しい**行い**をする

⑤【正命】しょうみょう——正しい**生活**を送る

⑥【正精進】しょうしょうじん——正しい**努力**をする

⑦【正念】しょうねん——正しい**自覚**をもつ

⑧【正定】しょうじょう——正しい**瞑想**をする

しているとと思います。

またこのときのお釈迦様の遺言がたいへん有名で、「自灯明、法灯明」といいます。または「自洲、法洲」ともいいます。

お釈迦様の言葉については6時限目にくわしくご紹介する予定ですので、ここではかいつまんで申しますが、お釈迦様は弟子たちに、ただ「修行者それぞれの努力」と「法の教え」の二つだけをよりどころにして生きていけとおっしゃったのです。それ以外のことは何もおっしゃいませんでした。とても素晴らしいことです。

お釈迦様が亡くなったのは、沙羅双樹の下です。「沙羅」の木が二本立っているので「双樹」です。「沙羅双樹の花の色　盛者必衰の理をあらわす」というフレーズが『平家物語』にありますね。あの沙羅双樹です。花の色が何色なのか私は正確には知りませんが、美しい色だそうです。その花の色がお釈迦様が亡くなった悲しみで白くあせて、ご遺骸の上に降り注いだといいます。横になって、深い瞑想にお入りになって、そのままお亡くなりになりました。お釈迦様はお悟りになった方ですから、もはや輪廻はなさいません。どこにも生まれ変わることはないのです。入滅によって永遠に変わらない静かな境地に至られたのです。これを「涅槃寂静」と申します。

お釈迦様の悟り（仏教の旗印）

【一切皆苦】 いっさいかいく

すべてのものはみな思いどおりにならない。
この世で生きることは本質的に苦だ。

【諸行無常】 しょぎょうむじょう

すべてのものはつねに変化してゆく。
生じては滅びるのが、ものごとのさだめである。

【諸法無我】 しょほうむが

すべてのものにおいて、「私」とか「私のもの」という実体は存在しない。
すべてのものは、その関係性において存在している。

【涅槃寂静】 ねはんじゃくじょう

仏教における絶対平安の境地。
時間の流れを超えた真の安らぎ。

亡くなられたあとは、インドで最高のお葬式の方法である荼毘(だび)にふされて、つまり火葬されて、骨だけが残りました。遺骨はお釈迦様を慕う一般の在家の人々がいただいて、インドの各地の八ヵ所に分骨してお墓を作りました。丸い形の仏塔です。インドでは偉い人には日傘をさしかける習慣がありましたので、仏塔の上にも傘をさしました。一つではありがたくないといって九つもさしました。ですから、お釈迦様のお墓は九輪の塔です。この形式が木造建築のスタイルの一つとして中国などへ伝わって、変化して、五重塔とか七重塔とかの仏塔の様式となりました。

一方、お釈迦様の残されたいちばん肝腎なもの、すなわち教え(法)はお弟子さんが記憶して口伝えで伝えていきました。しかし、その方法ではどうしても途中でとぎれてしまう危険がありますから、あるときに文字にして残すことにしました。これが「ニカーヤ」と呼ばれる原始経典類で、その中には、いまも世界の仏教国でおなじみの『ダンマパダ』や『スッタニパータ』が入っています。中国語に漢訳されたものは「阿含経(あごんきょう)」といいます。

お釈迦様のお考えがよくわかるよい言葉がたくさん載っています。あとでご紹介しますので、楽しみになさっていてください。

以上で2時限目を終わります。

3時限目　サンガとは何か

最大の功績は「組織」作り

またみなさんに質問です。

仏教は最初、何人で始まったでしょうか？　わかる方、挙手願います。

ハイ、いちばん前の方どうぞ。お釈迦様が始めたのだから「一人」、ですか。そうくると思っていました。でも違うのです。ぜったいに間違いだとはいいませんが、それでは仏教の本質を表しているとはいえないのです。

答えはお釈迦様プラス五人の弟子で、「六人」です。

サールナートの初転法輪で五人のお弟子さんを獲得したお釈迦様は、弟子たちの修行の効率化をはかって集団生活をすることにしました。その後、その集団はどんどん大きくなっていって、それが仏教という宗教の母胎となったのです。ですから仏教のスタートは集団生活が始まったときということになり、六人が正解なのです。

もっと言えば、お釈迦様の最大の功績は、修行のための「組織」を作ったことだと言ってもよいと思います。仏教の修行者が一つの場所に集まって規則正しい集団生活を営む、このような組織のことを「サンガ（僧団）」と呼びます。インドの言葉で「グループ」という意味です。

みなさんもよくご存じの聖徳太子は、「あつく三宝を敬え」とおっしゃいましたが、その「三宝」とは、「仏」「法」「僧」、すなわち仏教におけるもっとも重要な三要素で、「仏」はお釈迦様のこと、「法」は仏教の教えのこと、そして「僧」というのが、いま言ったサンガのことです。それはお坊さんという意味ではなく、お坊さんが集まって作る修行のための組織、すなわちサンガを意味しているのです。

なぜ「僧」がサンガなのかといいますと、中国に伝わって翻訳されたとき「サンガ」というインド語に「僧伽」という漢字があてられたのですが、やがて「伽」の字が落ちて「僧」だけになったのです。これが由来です。ですから本来、僧という字に一人ひとりのお坊さんという意味はありません。

では一人ひとりのお坊さんのことは何というのかというと「比丘（びく）」です。女性の場合は「比丘尼（びくに）」です。これが正式名称です。比丘か、あるいは比丘尼が四人以上集まって一つの修行集団を作った場合、その集団がサンガ（僧）なのです。

ということで、3時限目はお釈迦様がおつくりになった出家修行者の組織であるサンガについてお話しいたします。

出家とは何か

では、まず基本中の基本として、そもそも「出家」とは何なのかという説明をしましょう。

みなさんは出家というのはどういうものだと思っておられますか？　いちばん後ろの方どうですか？　「世捨て人」のようなもの。そうなんですね、「出家」というと「世捨て人」になることだと思っている方がとても多いのです。でも、出家と世捨て人は全然違います。ある人が人間世界の暮らしがいやになって出奔（しゅっぽん）し、人里離れた深山幽谷（しんざんゆうこく）で誰とも関わりを持たずに一人で生きていくとしたら、これは「世捨て人」です。しかし、「出家」はそうではありません。一般社会で生きていくのがつらい人が様々なしがらみを断ち切って、俗世とは全く異なる価値観によって運営されているコミュニティーの中に入って生きていくことを出家というのです。この違いははっきりさせておかないといけません。

世捨て人の場合は、実社会とはなんの関係もないところに身を置きますので何をしてもかまいませんが、出家の場合はそうではありません。そのコミュニティーは社会という大海に浮かぶ島のような存在ですが、一般社会の中にある以上、何らかのかたちでまわりの社会と関わりを持っています。ですから社会に迷惑をかけてはいけませんし、社会と平和的に共存していかなければなりません。

一般社会と全く違う価値観を持ちながらも島社会として存在しているコミュニティーは仏教だけではありません。他にもいろいろあります。ですから「出家」というのは必ずしも仏道に入ることだけを意味しません。またそれぞれの組織はそれぞれにその組織を設計した人の世界観を反映しています。邪悪な人が作った組織は邪悪な世界になっていますし、清廉な人が作った組織は清廉な世界になっています。したがって、一口に出家といっても、よい出家と悪い出家があることになります。入った世界がよい世界ならよい出家ですし、悪い世界なら悪い出家になります。これはとても大事なことです。

たとえば凶悪な殺人集団となったオウム真理教は、本格的に入信することを「出家」と称していて、違和感を覚えられた方もあったと思いますが、言葉の使い方としては間違っていません。確かにあれは出家です。しかし、それがよい出家であったか悪い出家であったか。それはことの顚末を見れば、全く明らかでしょう。

サンガはインターネット形式

ではそもそも、お釈迦様がサンガを作ろうと考えたのはなぜでしょう。

その理由はいろいろあるのですが、まずはやはり「修行」に一筋に打ち込むためです。

お釈迦様の説く仏道修行は、ひたすら精神集中して自分の心と向き合い、自分がなすべきこと、進むべき道を考え抜く宗教です。しかし、一般社会の生活は、雑事に追われ、欲望にまみれ、様々な情報に翻弄（ほんろう）される毎日ですから、そういう修行には適していません。したがって精神集中を妨（さまた）げるような要素を一切排除した、修行一本に打ち込める特別な環境が必要となるのです。

単身で修行するとなると、托鉢（たくはつ）をはじめとする日常の用事をみんな自分でやらなければいけないので、やはり修行三昧とはいかなくなります。余計なことに時間をとられますし、気が散ります。しかし、複数で暮らせば当番のように仕事の分担をすることができます。持ちまわりで托鉢に出かけ、それ以外の人は一日中修行に専心する、そのようなことも可能です。志を同じくする者が共同生活をするとなにかと効率がよいのです。

このように仏教は、完全な組織宗教なのですが、だからといって、組織拡大を狙う宗教ではありません。お釈迦様の本意は教団の拡大ではなく、苦しんでいる人がやってきて仲間にしてくださいと頼まれたときに役に立てばよいという考えだからです。したがって、いわゆる布教にはあまり熱心ではありません。

しかし、そんなお釈迦様の考え方はかえって多くの人の支持を集め、たった五人だった弟子もあっという間に何十人、何百人にも増えてしまいました。

人数があまり増えるとむしろ困ることがあります。たとえば修行者は、食物を手に入れるため、毎日町に出かけて托鉢します。それほど大きくない町の場合、あまり大勢でぞろぞろ繰り出すと一般の人たちに迷惑をかけることになります。もらえるお布施の食べ物に限りがありますから、あまり数が多いと全員に食べ物がまわらなくなるのです。おかしな言い方ですが、その町の規模に見合った適正人数のようなものがあるのです。

そこでお釈迦様は、サンガの人数が六十人を超えたとき、弟子たちに解散命令を出しました。比丘一人ひとりが国内のいろいろなところへ散開して活動し、そこで出家したいという人がやってきたら受け入れて、それぞれの地でサンガを作って共同生活していきなさいと命じたのです。このようにして、もともとは単一の集団だった仏教は、個々のサンガを基本単位としながら、インド各地に展開していきました。言ってみれば一極集中型の宗教から地方分権型の宗教へと変貌していったのです。

ここで重要なことが一つあります。それは、このたくさんのサンガには相互の上下関係がないということです。一つ一つのサンガは完全独立制で運営されていて、どのサンガがどのサンガに命令するといったヒエラルキーはありません。この点は日本の仏教教団と大いに違います。日本の仏教には本山・末寺というシステムがあって、リーダーとなるお寺から裾野のほうのお寺に向けてピラミッド型の上下関係が形成されています。しかし、お釈迦様がおつくりになった仏教にはそうしたものは一切なかったのです。

センターがありませんから権力者もいません。お釈迦様が生きておられたときはやはりお釈迦様が中心で、みんながその言葉に耳を傾けましたが、亡くなられたあとは組織だけが残りました。組織全体を統括するリーダーはおらず、全体が横並びにつながっているだけです。インターネット形式です。非常にフレキシブルです。どこかの強いサンガがすべての仏教界を動かすといったことがありません。どこかのサンガが一つ二つつぶれてもかまいません。また新しい拠点を他に作ればいいのです。しかもサンガ間の人の移動は全く自由でしたから、常にメンバーは入れ替わっていました。つまらない身内意識も起こらないようにできていたのです。

お釈迦様時代の仏教の形が色濃く残っているスリランカや東南アジアの諸国では、いまもこの方式で運営されています。彼らに「あなた方のセンターはどこですか」と聞くと、「そんなものはありません」と答えます。「この国の仏教をひっぱっている最高権力者は誰ですか」と聞くと、「そんな人はいません」とおっしゃいます。日本とは大きく異なるところです。

また、言うまでもなく一つ一つのサンガにも決まったリーダーはいません。メンバー間の権力的な上下関係もありません。ですから出家してサンガに入ると自動的に、「出世しよう」とか「偉くなろう」とか「人を追い抜こう」とか「負けるまい」とかいった俗世間的な煩悩から解放されることになります。これもまたお釈迦様の智慧の素晴らしいところです。

人様に「依存」すること

仏教についてみなさんがあまりご存じないことが一つあります。それは、仏教が典型的な「都市型の宗教」であるということです。多くの方はそうは思わず、人里離れた山の中で僧侶が黙々と修行しているようなイメージを持っておられますが、それはやはり、「出家」と「世捨て人」を混同されているのです。あるいは仙人や山岳修験道などと混同されているのです。しかし仏教というものは、そうではありません。仏教は必ず町や村の周辺で活動します。お寺は絶対に町の近くでなければならないのです。いまも昔もそうです。

なぜだと思われますか？

それはさっきすでに言葉に出しましたが、「托鉢」です。すなわち仏教は、一般社会の人々から施しのご飯をいただくことによって成り立っている宗教だからです。

お釈迦様の仏教では、出家した者が多量の個人財産を所有することは禁じられています。生きるうえでの執著をすべて断つのですから当たり前です。生産活動も一切禁止です。仕事をしてはいけません。先ほども言いましたように、修行の成否は精神集中にどれだけ多くの時間とエネルギーを使えるかにかかっていますので、世俗的な仕事に従事することがそもそも無理なのです。となると、生計をたてるための道は一切放棄せざるをえないわけで、一般社会の人々のご厚意に頼るしか生きる道はありません。それよりほかに食べていく方法がないのです。

生活のすべてを他人に頼らねばならない——と申し上げたら、みなさんどうですか？おそらく「それはちょっとイヤだなあ」と抵抗を感じられる方が多いと思います。しかし、人様のご厚意によって生きている、施しによって生かされているという謙虚な思いこそが、修行僧の生活を清廉で高潔なものにするのです。お釈迦様は仏教を、あえて完全依存型の弱い組織として立ち上げることにより、僧侶の堕落に歯止めをかけたのです。

一般の人たちがお坊さんにお布施をするのはなぜでしょう。自分たちの心の中にも出家して真の安楽を求めたい気持ちはあるのだけれど、実際の問題としてそれはできない。だからせめてお坊さんたちを応援してあげよう、自分のぶんも頑張ってもらおうという気持ちがあるのです。となると、もらう側はその思いに応えるような誠実さを示さなければなりません。人様に生かしていただいているのだからひたすら精進しよう、そして、もし心の問題で困っている人がいたらお助けしようという真摯さが要求されるのです。

お坊さんは物質的には何も持っていませんから、人の行為にもので報いることはできません。しかし、応援していただいたことによって自分が獲得した境地を、まわりの人たちにお話しすることはできます。すなわちこれが「法話」です。それを聞いた人たちはそれによって、心が豊かになったり、生きる上でのヒントをもらったりします。これが、出家して修行する者とそれを支える一般信者の相互依存関係です。もしサンガが完全依存型の組織ではなく、自分たち自身で生活の糧を手に入れる手段を持っていたなら、――つまり、自立ということですが――、状況は全く変わっていたはずです。社会のお役に立とうとか、人様の迷惑にならないようにしようとか、みなさんにご恩返しをしようとか、そんな謙虚な気持ちにはならないと思います。オウム真理教は、信者の財産を没収するという方法で多額の資財を調達し、自立した宗教組織を作りましたが、その結果が、あの反社会的犯罪集団への転落でした。

そういうわけなので、仏教のお坊さんは生活のすべてを人様に依存するのです。あえてそうするのです。それこそが、サンガが一般社会といざこざを起こさずに平和的に共存していくポイントです。このあたりの思想はよくよく考え抜かれていて、組織設計者としてのお釈迦様の能力がいかにすぐれたものであったかを如実に表しています。

施しは「宝石の鉢」で

生計のすべてを一般社会に依存する。そこに仏教の本質がある。そのことをよく表したエピソードが仏伝にあります。先ほど私は、お釈迦様の最初の弟子は初転法輪の際の五人の修行者であると申し上げましたが、厳密にはそれより前、悟りを開いた直後に二人の人がお釈迦様の信者となり、お釈迦様はその人たちから食べ物をいただいているのです。ただ、この二人は信者にはなりましたが、出家して弟子になったわけではないので、このエピソードは古来、あまり重視されてきませんでした。しかしよく考えると、この話にはとても重要な意味が含まれています。少し詳しくご紹介しましょう。

お釈迦様は悟りを開いたあと、一人しずかに瞑想しておられましたが、そうやって座っておられるところにタップサ、バッリカという二人の商人が通りかかりました。彼らはお釈迦様の気高いお姿に深く心動かされ、手を合わせて崇めました。そして二人は、自分たちの荷車に積んであった甘いお菓子をお釈迦様にさしあげようとしました。

みなさんはインドのお菓子をご存じですか。インドは〝お菓子王国〟です。なぜかというと、サトウキビの原産地ですからお砂糖がたくさんできます。牛の国ですから牛乳がたくさんとれます。ミルクと砂糖が豊かなので当然のこととしてお菓子の文化が発達するのです。

お釈迦様の時代にはすでにいろいろなお菓子が存在していました。昔は何と呼ばれていたのか知りませんが、ラスグッラーというお菓子があります。作り方をお教えしましょう。牛乳にレモン汁などの酸を入れて加熱するとタンパク質の部分が固まります。カッテージチーズみたいなものです。これを発酵させないでお団子にして、お砂糖のシロップでぐつぐつ煮詰めます。これを分厚く切って蜜がポトポトとしたたるようなのを食べるのです。喉が痛くなるくらい甘くて最初は食べられませんが、だんだん中毒になります。私の好物です。このラスグッラーに類したお菓子を、タップサとバッリカはお釈迦様にさしあげようとしたのです。

ところがお釈迦様は困ってしまいました。なぜかというと、それをもらうための入れ物がなかったのです。直接手で受けるのは失礼ですし、食べ物ですからやはり何かの容器で受け取りたい。すると、その様子を天から見ていた四天王の神様が、これはたいへんだ、お釈迦様が信者からいただきものをしようとしているのに受け取るための入れ物がないではないかと、あわてて世にも美しい宝石の鉢を持って現れます。お釈迦様はその鉢を受け取り、そこにタップサ、バッリカから蜜のしたたるお菓子を入れてもらうのです。

この話は何も知らずに聞くと「ああそうですか」で終わるのですが、仏教における「施し」の意味を理解したうえで聞くと非常に重要なことを物語っているのがわかります。お釈迦様がお布施の食べ物を受けるために、神様から鉢という入れ物をもらったというところがポイントです。この話によって、仏教は人からの施し物だけに頼って生きていく宗教だ、という基本理念が明確に示されています。そして、そのためには、鉢がいかに重要な備品であるかが表されているのです。

仏教では本来、修行者は鉢の中に入れてもらったものしか食べることができません。ですから、スリランカやタイのお坊さんは必ず自分の鉢を一個持っています。というよりも、鉢を持っていないとお坊さんになれません。出家したとき最初の儀式で行なうことは鉢と衣を持っているかどうかの確認です。逆に言うと、鉢を持った瞬間、その人は他人からの施し物だけで生きていくという生き方を決定づけられるのです。

なかには貧乏で、出家の際に鉢を準備できない人もいます。そういう場合はお寺が備品として用意している鉢が与えられます。とにかく、お坊さんはどんな人でも、自分の鉢を持っているものなのです。

食べてよいもの、ダメなもの

お布施のお話をもう少し続けて、みなさんにクイズを出しましょう。◯か×かで答えてください。お坊さんがお寺の裏の畑でゴボウやニンジンやダイコンを作り、お煮しめにして食べました。これはOKでしょうか？　◯だと思う方、手を上げてください。

ああ、◯の方が圧倒的に多いですね。でも、答えは×なんです。いかにもありそうですけれど、仏教ではダメなのです。なぜならば、農作業をするということは、自分で生計を立てていることになるからです。仏教は世俗の意味における「仕事」はすべて放棄して修行一本に打ち込むのが本義です。生産活動は一切禁止です。だからこれは×なのです。

では、これはどうでしょう。

お坊さんが道を歩いていたら、道端にコロッケが落ちていました。別に誰の所有物でもありません。それを拾って食べました。○だと思う方、手を上げてください。んー、やや○が多いですか。しかし、答えは×です。お坊さんは、誰か他の人が鉢の中に入れてくれたものしか食べてはいけないのです。え？ 食べたいときはどうしたらいいか？ それはですね、コロッケの傍にずっと立っていて、誰かが気づいてそれを鉢の中に入れてくれるまで待つのです。もちろん、横の人に「そこに落ちているコロッケをこの鉢に入れてくださいませんか」なんてお願いするのは禁止ですから、気のきく人が現れるまでひたすら待たねばならないのです。実際は、そんな恰好の悪いことをするお坊さんはいませんけどね。

では、これはどうでしょう。道の脇に柿の木が生えていて、歩いていたら上から実が落ちてきて、鉢の中にぽとんと入りました。食べていいですか？

これも○が多いです。たしかによさそうに思えます。いいことにしたいですね。でもダメなんです。答えは×です。なぜならそれは、「誰かが鉢の中に入れてくれたもの」ではないからです。

もう一つ、いきます。信者さんが、「あなた様は立派なお坊さんですからぜひご接待したい。明日私がお食事を用意しますからおいでになって召しあがってください。托鉢しなくていいから、私のうちで食べてください」と食事に招かれた場合はどうでしょう？　行くべきか、行かざるべきか。

ほとんど手が上がりませんね。みなさんダメだとお思いになる。でも、これは○なのです。信者さんのご好意ですからお受けすればいいのです。ただし鉢は持っていかなければなりません。鉢を持っていって自分の前に置いて座ります。するとお家の方が鉢の中にたくさん入れてくれます。いくらでも入れてくれます。それを食べたいだけ食べていいのです。もうこれ以上食べられないとなったら手で蓋をします。それでおしまいです。

このように状況はいろいろありますが、とにかくどんな場合でも人様が「差し上げたい」という意志を持って鉢に入れてくださったものしか食べることができません。面白いでしょう。もしハンバーガーを入れてくれたら、それを食べます。自分で作ったお精進の煮物はダメで、いただいた牛肉たっぷりのダブルバーガーはＯＫ。なにかおかしな感じですが、実際そうなのです。

何があってもとにかく、一般社会に完全に依存して生きる。これが仏教の鉄則中の鉄則です。ですから、お釈迦様が悟ったあとの最初のエピソードとして鉢の話があるのです。

この基本を忘れると、オウム真理教のような教団になります。彼らは世間の人が鉢の中に入れてくれるのを待つのではなく、自分のほうから社会に出かけていって無理矢理奪ってくるというやり方をしました。その結末が「地下鉄サリン事件」です。

お釈迦様の仏教は、鉢の中に入れてもらえるまでじっと黙って待っている宗教ですから、社会にはなんの害も与えません。だからこそスリランカやタイのお坊さんの集団は二千五百年も続いているのです。おそらく世界の歴史のどこを見ても、二千五百年も続いている組織はありません。世の人々とは全く価値観の違う組織でありながら、なんのトラブルも起こさないのです。それは人様が施しをくださるまで鉢を持ってひたすら待つからです。オウム真理教は十年で破綻し、仏教は二千五百年続いてまだまだこれからも続いていく。その違いは、ここにあるのです。

私はお釈迦様を、思想面でも世界最高の人だと思っているのですが、それに劣らず、サンガという平和的でしかも持続可能な組織を考案された組織設計者の面でも世界一の人だと思っています。

また、これは、日本のいまの社会の中で組織というものについて考える場合にも参考になるはずです。世界一のシェアを占めるような強大な企業を作るヒントにはならないかもしれませんが、何百年も続く持久力を持った組織を作るヒントとしては大きなものがあるのではないでしょうか。

袈裟はわざとボロボロに

では次に、鉢とならんで、お坊さんの重要な所持品である衣服についてお話ししましょう。お坊さんが着る着物のことは「袈裟（けさ）」といいます。日本では宗派によっていろいろな色や柄があります。禅宗は黒一色が多いようです。普段は絡子（らくす）という小型の袈裟をシンボルとして身につけていますが、色鮮やかな大型のものをまとうこともあります。浄土宗や浄土真宗などを見ますと、極彩色でぴかぴかした分厚い袈裟を肩から斜めにかけています。どれも袈裟ですが、お釈迦様はそのような豪華なものは着ていませんでした。お釈迦様がお召しになっていたのは、いまでもスリランカやタイのお坊さんたちが身体に巻きつけているような質素な黄色い布でした。

衣は鉢と違って消耗品ですから、着続けてだめになったら新しいのを調達しなければなりません。しかし出家修行者は、先ほど言ったように仕事をぜんぶ放棄して無収入なのですから、衣を買うお金もないはずです。ではどうするかというと、道端に落ちている布のきれっぱしのようなものを一生懸命拾い集めてきて、丹念に結びあわせるのです。そして一枚の大きな布になったら、身体に巻きます。これが袈裟の原型です。このような汚らしいボロ布のパッチワークでできたお坊さんの衣のことをインド語では「カシャーヤ」といいます。それが中国語に訳されるとき「袈裟」という字が当てられたのです。

これが本来のお坊さんの着物のあり方なのですが、実際のところ、今日ではそんな衣を着ている人はいません。なかにはストイックな主義で、そういう袈裟をまとっている方もおられますが、めったにお目にかかれません。スリランカでもタイでも、ほとんどのお坊さんが身に着けているのはきれいな黄色い布です。

なぜかと言いますと、ボロ切れをせっせと拾い集めて衣を作るのは大変な作業ですから、信者さんが「これをお召しなさい」と木綿の生地を寄進してくださるのです。先ほどのご飯の接待の話と同じように、厚意でくださったものは受け取って構いません。しかし、いただいたままのまっさらなものを着ていたら、「お坊さんのくせにあんな立派なものを着て」と言われますから、わざわざ新品を、粗末な中古に改造するのです。

え？　どうやって改造するのかって？　ハイ、大きな布をいただいたら、まず短冊のように細長く裁断して、それをもう一度縫ってつなぎ合わせます。パッチワークです。「拾ったものを縫い合わせました」というサインです。加えて、純白ではおかしいので黄色く染めます。「拾ったものなので汚れています」というサインです。私はタイに行ったときに、古来の方法に従った染色の現場を見せてもらいましたが、植物の草木染めでした。ジャックフルーツという木があって、その実で染めるときれいな金茶色になります。新しい布をわざわざ裂いてパッチワークにして、わざわざ黄色く染め直してまとう。けっこうな手間です。しかしそれによって、ボロボロの衣でがまんしています、という出家者の気概を表現するのです。

日本のお坊さんの袈裟も、近づいてよく見れば何枚もの布をつなぎ合わせたパッチワークになっているのがわかります。どの宗派でもそうなっています。そして、その布片の枚数によって、五条袈裟とか七条袈裟とか称します。

おかしな、でもすぐれた「律」

以上、仏道に入った出家者たちがどのような心得に従って生きるかというお話をしてまいりましたが、こうした決まりごとを全部まとめて「律」といいます。サンガという集団で暮らすためにみんなが守らなければならないルールです。お坊さんのための法律集ですね。現在の仏教世界に伝えられている「律」は、すべてがお釈迦様によって定められたというわけではなく、お釈迦様の死後、徐々に整備されていったものですが、ともかくたいへんな量があって、非常に細かいところまで生活の規則が定められています。タイやスリランカのお坊さんたちの生活スタイルは、すべてこの律によって決められています。

律の規則は、基本となる大きなものだけで二百五十、その他のこまごましたものまで合わせると千数百にものぼります。黄色い衣を着たスリランカや東南アジアのお坊さんたちは、のんびり歩いているように見えますが、実際は、その千数百の規則に従って動いているのです。

先ほど私は、歩いているときに柿が上から落ちてきて鉢の中に入った場合は食べてよいかなどというクイズを出しましたが、そういった個々の事例もすべて、律で決められているのです。冗談のようですが、冗談ではありません。

せっかくですからもう少し、面白い規則をお教えしましょう。私は食いしん坊ですからまた食べ物の話をいたします。

たとえば一日に食べてよいご飯の回数とか、いつ何を食べてよいといったこともすべて決められています。食事は一日一回、それも午前中に食べなくてはいけません。もし午前中に食べそびれたら、その日は食事抜きです。ではお昼を過ぎたらまったく何も食べてはいけないのかというとそういうわけではなく、果物のジュースはOKだとか、お砂糖、蜂蜜、バターのように料理しなくてもそのまま食べられる保存食のようなものはOKだとか、実に細かく決まっています。

ご飯や肉、野菜、牛乳などは正式な食事なのでこれは午前しか許されません。では、チョコレートはどうでしょう？　お釈迦様の時代にチョコレートはありませんから、いまのお坊さんは自分たちで判断しなければなりません。そこで成分を調べてみます。するとミルクが入っています。ということはチョコレートは午前中だけ許されるということになります。

甘露飴（かんろあめ）はどうでしょう。成分を見ると、水飴と砂糖と書いてあります。ということは午後でもOKです。お坊さんは午後に飴を食べても構いません。

こうした決まりはいまでもタイなどのお寺に行くと実感できます。たとえば、日本から飛行機に乗って夕方にタイのお寺に着いたら、もうご飯はありません。私が訪問したときも困りました。そのときは旅の方だからということで特別に一食用意していただきましたが、普通はジュースか蜂蜜くらいしか出てきません。一から十まで決まっています。

律の中には「何だこれは?」と首をかしげたくなるような変な規則もありますが、じっくり吟味すればいずれもちゃんとした理由があって、きわめて合理的にできています。そして、それらを厳密に守ることが出家したお坊さんであるあかしとなるのです。ですから、仏教のお坊さんというものは本来、非常に厳格でストイックな生活を義務づけられた人々なのです。それを一つ一つ守っているからこそ、まわりも尊敬し、信用するのです。そして、それがお布施、つまりご飯や日用品の施しへとつながるのです。

「日本的サンガ」の可能性

さて時間が迫ってきましたので、最後にこのようなお釈迦様の仏教を、もしいまの日本で実践しようとしたらどうなのだろうということに触れて、終わりにしたいと思います。

私もよく、この問題は考えるのですが、日本でお釈迦様時代の律をそのまま復興しようとしても無理だと思います。私自身は〝釈迦教徒〟を自認しており、お釈迦様の仏教が大好きですが、だからといって当時の生活方法がいまの日本でも可能かと問われれば、やはり否定的にならざるを得ません。

日本でお釈迦様の仏教を復活させようとしたら、二つのやり方があると思います。

一つはこの時間にお話ししてきたような本来の「サンガ」を日本にも導入するという方法です。しかし、普通に考えるならば、日本ではこのやり方は成功しないと思います。なぜなら仏教というものに対する人々の観念、価値観が全く違うからです。インドや、あるいは上座部仏教のタイやスリランカのように、「お坊さんの生活は、社会の人々がお布施で支えてあげねばならない」という通念がありません。そのようなところへもしお坊さんの集団が突然現れ、毎日百人単位で鉢を持って歩いたりしたらみんな怪しんで逃げてしまうでしょう。そして、人々の支持がもらえなかった場合、そのサンガは生計を得るために過激化していく可能性があります。

では、もう一つはどのような方法かというと、サンガのような組織的活動ではなく、仏教にひかれた個人個人が、お釈迦様の教えを自分で勉強して、瞑想のやり方なども個人的に学び、普通に仕事を続けながら、自分自身の生きるよすがとして生活の中に取り入れていくやり方です。実際、こういう形での仏教信者は世界的に増加しており、「ナイトスタンド・ブッディスト」と呼ばれて、主にアメリカなどで広まっています。私などもどちらかといえばこの部類に入るのですが、日本でお釈迦様の教えを実践していこうと思ったらこのやり方がいちばん穏当ではないかと思います。

しかし、その一方で、「仏教は六人で始まった」と冒頭に述べましたように、お釈迦様の仏教が集団組織を基盤として成り立っていることも事実です。集団だからこそ、修行が進み、悟りへの道が近くなると、お釈迦様はお考えになりました。とすると、一人ひとりが個別に自己鍛錬の生活を送るナイトスタンド型では、不十分なところがあるということになります。

また、集団であることにはもう一つ大事な意義があります。それは、苦しんでいる人の人生を丸ごと受け入れる「人生の受け皿」としての機能です。サンガというのは、単に修行の志を持った出家者の集まりであっただけでなく、人生に絶望した人や心を病んだ人、社会生活に耐えられない人たちの受け入れ先としての機能も持っていたのです。大乗仏教一辺倒の日本でも、その機能だけはあるときまできちんと存在していました。ところが、いまのお寺はほとんど家族経営の中小企業のようになってしまい、そんな〝駆け込み寺〟的な機能はほとんどありません。助けを求めても、その人の生活を丸ごと受け止めてくれるお寺などはほとんどないのです。

そうしたことも考え合わせて、私は最近、なんとか日本でも「サンガ」――とまではいかなくても、「サンガのようなもの」――をうまく作る試みをしてみてもいいのではないかと希望するのです。なにも「お寺」の顔をしていなくてもいい。人生の苦しみを乗り越えて、人間としての幸せを追求するような場。そして、いまのお寺が果たせなくなった弱者の受け入れや、駆け込み寺的な要素を備えている場。そのような機能さえ満たしていたら、見てくれのスタイルはどうあれ、それが真の仏教世界というものになるのだと思います。

その場合、いろいろ考えねばなりません。

社会一般からのお布施が無理なのであれば、経済的な支えをどうすべきか。メンバーが会費で支えるのか、企業などからの献金で支えるのか、あるいは特定の自治体が支援するのか。また、お釈迦様の仏教サンガがそうであったように、そこへ参入した人が成長し、自立し、社会の人々から尊敬される存在になっていくようなプログラムの制定が必要です。あるいは、生きることがつらくて自殺したいと思っているような人が、そこで暮らしているうちにだんだん喜びを感じ、生きがいを感じはじめるような組織でなければいけません。そして、もし心が回復したら社会に戻ってもいいし、戻らなくてもいい。ずっといたければ死ぬまでそこにいてもかまわないというような組織であってほしいと思います。そのようなサンガが作れたら素晴らしいのではないでしょうか。もしそれができたら、毎年三万人近くにものぼる自殺者に多少なりとも救いの手を差しのべることのできる存在になりうるかもしれません。

すでに仏教界の中からは自殺者を救うため、積極的に活動する方たちが現れています。とてもありがたいことです。こういう活動を核として、既存の仏教教団が失ってしまった、本来のサンガの機能を持つ組織が新たに立ち上がることを期待しています。

組織運営のための決まりごとやルールも十分に考える必要があります。それこそお釈迦様が、またお弟子さんたちが一生懸命「律」をお考えになったようにです。古代仏教の千数百もの律も、その時代の様々な事情を考え抜き、試行錯誤を重ねてできあがったものに違いないのです。

想像ばかりでものを言っていますが、真剣に考えてみる価値はあると思います。またお釈迦様の仏教をいま学び直す目的は、ただ知識として勉強するだけではなく、このように生きた問題として現代社会の中に甦らせることであると思ったりします。

では、時間がまいりましたのでおしまいにしましょう。「律」に関するお話は5時限目にも少しします。今度は仏教の存続にかかわるような大きな事件の話題として。

4時限目　釈迦の弟子たち

「羅漢さん」

お釈迦様にはたくさんのお弟子さんがおられました。「十大弟子」といわれる代表的な高弟のほかにも、千人以上の弟子がいたといわれています。言い伝えですから本当だったかどうかわかりませんが、もしかするともっと多かったかもしれません。

お釈迦様の弟子たちは皆、お釈迦様の教えにしたがって修行を積み、少しずつ自分の心を改善していって、最後にはお釈迦様と同じように悟りを開きます。もちろん皆が皆、悟りを開くわけではありませんが、お経には大勢のお弟子さんが悟りを開いたと書かれています。しかしここで「悟りを開いた」というのは決して仏（ブッダ）になったという意味ではありません。お釈迦様の時代の仏教では、仏というのは特別にすぐれた人だけを指す名前であって、誰もがなれるものではありませんでした。釈迦の時代ならば釈迦だけが仏です。ほかに仏はいません。そしてお弟子さんたちは、その仏であるお釈迦様からいろいろ教わりながら悟りを目指すのですが、たとえ最終ゴールに到達して悟りを開いても、仏になるわけではありません。では何になるのかというと、仏よりもレベルの低い「阿羅漢（あらかん）」と呼ばれる聖者になります。阿羅漢も仏と同じく悟りを開いた人ですから素晴らしい境地なのですが、仏に比べれば一段格下の立場です。

日本のような大乗仏教国では、誰もが皆、等しく仏を目指すとされていますが、そういった「誰でも仏になれる」という考えが登場したのはずっと後の話で、本来の仏教では、修行者が目指すのはあくまで阿羅漢だったのです。お釈迦様の生徒として老病死の苦しみから抜け出し、阿羅漢になって究極の安楽である涅槃に入る。それで十分なのであって、そこからさらにお釈迦様と肩を並べる仏の地位にまで昇っていこうなどと考える人はいなかったのです。

このような考えはスリランカや東南アジアの仏教国でいまもそのまま受け継がれていて、お坊さんたちは皆、阿羅漢を目指して修行します。

ですから、タイやスリランカに行って黄色い袈裟をまとったお坊さんに「あなたは何を目指して修行しておられるのですか」と質問すると、必ず「阿羅漢です」という答えが返ってきます。

日本では阿羅漢のことは「羅漢さん」といいます。阿羅漢と羅漢は同じ意味です。羅漢像というものもよく造られていて、お寺の山門の上などに安置されています。また、お寺の境内の一角に「五百羅漢」などといって大集合しているときもあります。時には本堂の内部におられるときもありますが、その場合はご本尊のまわりを守るように置かれています。しかしどんな場合も、本尊として安置されることはありません。仏様や菩薩様を守護する守衛さんか門番のような扱いです。そして、その姿かたちをよく見ていただくとわかりますが、顔つきは俗っぽく、時にはかなり貧相に表現されています。これは日本が大乗仏教の国だからです。大乗仏教というのは、お釈迦様よりずっと後に登場した新興の仏教で、そのスローガンは「誰もが仏になろう」というものです。したがって、仏よりも一段格下の阿羅漢を軽視します。日本の羅漢像がみすぼらしいのは、そういう理由があるからです。

しかし、お釈迦様時代の仏教をそのまま受け継いでいるスリランカや東南アジアの上座部仏教では阿羅漢は、ずっと高い地位に置かれます。お釈迦様が唯一無二の仏で、その次に偉いのはお釈迦様を慕って阿羅漢になったお弟子さんたちだからです。したがって日本のように貧乏くさく描かれたりすることはありません。仏様に準じる存在として立派に表現されます。

実際、阿羅漢となった仏弟子こそが仏教の立役者です。お釈迦様の死後、その教えを「お経」という形で残し、また、サンガがきちんと機能していくように「律」という決まりごとの体系を整えました。仏教が普遍的な宗教として繁栄していくための礎(いしずえ)を作ったのは彼らだと言っても過言ではありません。何といっても重要なのは、彼らが歴史的人物として実在したという事実です。大乗仏教になってから現れた阿弥陀とか大日とか観音といった仏・菩薩が架空の存在であるのに対し、阿羅漢になった仏弟子たちは、おそらく間違いなく実在しました。その意味で私たちは、自分たちの真の先達である仏弟子に、もっと深い尊敬と愛慕の念を持つべきではないでしょうか。

そこで、この時間はそんなお弟子さんたちのお話をいたします。お釈迦様一人の人生を見ているだけでは仏教の一面しか見えませんが、お弟子さんの姿をあわせて見ると、いっそう膨らみを持って感じられるはずです。

せっかくですから、みなさんに楽しんでいただけるようなユニークなエピソードを交じえてご紹介いたしましょう。

個性豊かな釈迦の弟子

お釈迦様の「十大弟子」とは、一般に、サーリプッタ（舎利弗）、マハーモッガッラーナ（目連）、マハーカッサパ（摩訶迦葉）、スブーティ（須菩提）、プンナ・マンターニープッタ（富楼那弥多羅尼子）、マハーカッチャーヤナ（摩訶迦旃延）、アヌルッダ（阿那律）、ウパーリ（優波離）、ラーフラ（羅睺羅）、アーナンダ（阿難陀）を指すことが多いようです。資料によって多少の違いがあって、別の人をあげていることもありますが、ここではこの十人を十大弟子ということにします。

ただ、これらの弟子の中にはそれほど話題のない人もいますので、必ずしもこだわらずに面白いお弟子さんを中心に取り上げることにします。

サーリプッタ（舎利弗）

お釈迦様の弟子の中で、必ずいちばん最初に名前があがるのがサーリプッタです。「舎利子」とも呼ばれます。理知にすぐれた賢い人で、「智慧第一」と呼ばれました。次にお話しするマハーモッガッラーナとは幼なじみで、二人そろって別のお師匠さんに師事していたのですが、お釈迦様の教えを聞いて心酔し、二人して転向しました。この二人の参加によってお釈迦様の仏教が完成したといわれるくらい優秀で、お釈迦様の信頼も篤く、人々からも慕われました。

賢い人ですから智慧を生かした逸話が多く残っています。お釈迦様の拠点となったサンガの一つに、サーヴァッティーの祇園精舎があります。『平家物語』の冒頭に「祇園精舎の鐘の声、諸行無常の響きあり」とある、あの祇園精舎です。ここが仏教のホームグラウンドとなったのもサーリプッタの功績が大きいのです。こんなお話です。

当時、たまたまサーヴァッティーの町に来ていてお釈迦様の説法を聞いた給孤独長者（ぎっこどくちょうじゃ）さんというお金持ちの信者さんが、そのお話に深く感動し、自分の町にもお釈迦様に来ていただこうと考え、お釈迦様に滞在していただくためのお寺を建てることにしました。そこで町の郊外の美しい森を買い取って立派なお寺を建てました。ところがそれを見て、悪心のあるバラモンたちが妨害してきました。このときにサーリプッタが応戦し、智慧の限りを使った論争でバラモンたちをやり込めたのです。その結果バラモンも引きさがり、おかげで祇園精舎という立派なお寺が完成したのです。

お釈迦様を深く慕うサーリプッタは、お釈迦様の入滅が近づくと自分のほうが先に涅槃に入りたいと願い、最後の説法をしたのち生まれ故郷に帰って涅槃に入りました。つまりお釈迦様より先に亡くなったのです。お釈迦様は大事な弟子に先立たれてとても悲しんだといわれています。

よい言葉もたくさん伝わっています。たとえばこんなものがあります。

「愛欲と、悪心と、ものうい無気力と、ざわつきと、とまどい。これらの五つは比丘にとっての心の汚れである。尊敬されていても、尊敬されていなくても、どちらにしても、心をしっかり保って生活する者は、心の集中がゆらぐことはない。瞑想し、ひたすら打ち込み、微細な見解まで洞察し、執著の滅尽（めつじん）を楽しんでいる人。彼を『立派な人』と呼ぶ」

マハーモッガッラーナ（目連）

次は、サーリプッタと並んでお釈迦様の二大弟子といわれたマハーモッガッラーナさんです。この人はいろいろなものを見通したり感知したりする不思議な力を持っていて「神通第一」といわれました。いままでいうところの超能力のような感じでしょうか。

それにかかわる面白いエピソードが伝わっています。私たちの年中行事にも関係するお話です。

マハーモッガッラーナは普通の人には見えないものを見る力がありますので、あるとき亡くなったお母さんに逢いたいと思い、いまどこにいるか探してみました。すると、お母さんは過去世の報いで餓鬼道に落ち、無残にも痩せ衰えた餓鬼になっていたのです。マハーモッガッラーナは驚いてその場に駆けつけ、ご飯を鉢に盛って食べさせようとしました。ところが口に入れようとすると、たちまちご飯は火に変わってしまって食べられません。餓鬼道とはこのように、食べたいものを食べることができなくて飢え続ける場所なのです。マハーモッガッラーナは、あんなに優しかった母がなぜこのような責め苦にあわねばならないのかと悲嘆しました。業の報いで苦しむ母親をなんとか救ってくださいとお釈迦様にお願いしたのです。

するとお釈迦様は「お前の母が背負っている罪業はそうとう深いようだから、特別なことをしなければ救うことはできない」と言って、一つの方法を示しました。

七月十五日（現在の八月下旬）に僧団内の僧侶が一堂に会して行なう「自恣（じし）」という儀式があります。このときに、食べ物やお花、香油、寝具などをすべての僧侶たちのために供養しなさい。そうすれば苦難に陥っている母は救われるであろう――とおっしゃったのです。

マハーモッガッラーナは言いつけどおり、ねんごろに儀式を執り行ないました。そのおかげでやがてお母さんも天に生まれ変わることができたそうです。その儀式を「盂蘭盆（うらぼん）会（え）」といいます。これが、私たちにもなじみ深い「お盆」の源です。このお話は、お釈迦様時代にはなかった、かなり新しいもので、もちろん実話ではありません。しかし、マハーモッガッラーナの名前は、この話がきっかけとなって必ず「お盆」と結びつけられるようになったのです。

みなさんも毎年夏にはお墓参りをしたり、お家の仏壇にお供えや飾りをすると思いますが、そのときには、行事のルーツがこのマハーモッガッラーナさんの故事にあることを思い出してください。

マハーカッサパ（摩訶迦葉）

次はマハーカッサパさんです。質実剛健で禁欲的なことで知られ、「頭陀（ずだ）第一」と呼ばれました。頭陀とは泥土で汚れたボロを着て、食事も最低の粗食に耐え、夜は死体捨て場に野宿するような厳しい禁欲生活を送ることです。いわゆる妥協を許さぬ頑固おやじです。そのため人から恨まれるようなところも若干あったようです。日本でもおなじみの禅宗のもとを作ったのは、このマハーカッサパ長老だといわれています。

堅物の権化のような人ですが、素敵なエピソードもあります。

マハーカッサパさんは青年のとき、お釈迦様の高名を聞いて、お話を聞きたいものだと思って訪ねていきました。そのときお釈迦様はちょうど樹の下で瞑想に入っておられたのですが、そのお姿があまりにも美しく立派なので、思わず見とれてしまいました。するとお釈迦様が気づいて目を開き、かたわらに咲いていた蓮のつぼみを一本手折ってマハーカッサパに差し出し、微笑しました。そして一瞬目を閉じられたとき、マハーカッサパはお釈迦様の気持ちがすべてわかって、蓮のつぼみを受け取り、同じように微笑みを返したのです。これを「拈華微笑」といいます。お釈迦様の、あの穏やかにうっすらとほほ笑んだお顔です。お釈迦様とマハーカッサパさんは心と心で思いが通じ合っていたという話です。

この人らしい言葉もいくつか残っております。

「戸口に立って托鉢によって得たものを食物とし、牛の臭い尿を薬とし、樹の根もとを居場所とし、拾ったボロ布のパッチワークを衣服とし、これだけで耐えていく人。彼こそは四方の人である」

「四方の人」とは「全世界を自分の住まいとして、一切のしがらみを離れて生きていく人」のことです。味のある言葉です。

チュッラパンタカ(周利槃特)

チュッラパンタカはお兄さんのマハーパンタカとともに仏弟子になりました。「神通説法第一」と呼ばれた人です。

お兄さんは優秀だったのですが、弟のチュッラパンタカさんのほうは、こう言っては失礼ですがたいへん頭が悪かったそうです。頭が悪いので難しい理屈は理解できず、大事なことも全然憶えられず、他の人が行なうようなまともな修行は何一つできませんでした。と言うと、もうそれだけでお先真っ暗という感じですが、そこからが素晴らしいのです。「お前は馬鹿だ」とお兄さんに見放され、絶望している彼の姿を見て、お釈迦様は雑巾を与え、お前はこれを使ってひたすら掃除しなさいと言いつけました。彼はその言葉を守って来る日も来る日も心を込めてお掃除をし続けました。そうしているうちにある日悟りが開けたのです。

このエピソードはたいへん重要なことを物語っています。仏教の修行というのは必ずしも頭脳だけでやるものではなく身体を使っても道は開けるということを示しているのです。もちろん、仏教の基本は学習であり智慧です。智慧を学ばない仏道修行などというものはあり得ません。しかし、その智慧はこざかしい五教科偏差値教育のようなものではあってはならず、自分の生き方について真摯に考えた、心のこもったものでないといけません。ですから、お掃除という行為からでも、智慧の眼を開くことさえできれば、十分に悟れるのです。大事なことです。

ナンダ（難陀）

次は、ナンダさんです。彼はお釈迦様とは母親の違う弟です。仏弟子の中にはナンダと名前のよく似た高弟でアーナンダ（阿難陀）さんという人もおりまして、この次にご紹介します。ですから、覚えるときは「ナンダ、アーナンダ」と語呂合わせにしてください。これで二人いっぺんに覚えられます。

ナンダさんの最大の特徴は、とにかく美男子だったことです。お釈迦様も美男子だったようですが、異母弟はそれに勝ってハンサムでした。そういう人はなにかとにぎやかな話題を提供してくれるもので、ナンダさんの場合も『サウンダラナンダ』という劇になりました。なかなか面白いのでそのお話をします。事実だと思わないでください。劇のお話です。

ナンダさんは美男子ですから、出家する前はモテモテでした。絶世の美女の恋人もいました。しかし、お釈迦様の教えを聞くうちに出家の志が高まってきて恋人とも別れ、頭も剃ってお坊さんになりました。ところが出家したあともモテモテだったころの楽しい記憶が頭の中に残っているものですから、木の下で瞑想していてもそのころのことがちらちらと思い出されてちっとも身が入りません。

それを見たお釈迦様はこれはいかんと思い、「ナンダよ、ちょっとこい」と言って天界に連れていきました。天には天女がいます。私は見たことがありませんが、人間よりもはるかに美しいそうです。お釈迦様は聞きました。「ナンダよ、お前の恋人と比べてどうだ」。ナンダが答えます。「あの天女に比べれば、私の恋人などは猿のようなものです」。ひどいことを言います。お釈迦様がまた言います。「ナンダよ。一生懸命修行すればお前は死んだあとあそこへ生まれ変わることができるぞ。天女に囲まれて何万年も暮らすことができるぞ」

ナンダさんはとたんに意欲満々になって、修行にはげみはじめます。しかしそれは目的の不純な修行です。そこで、お釈迦様はしばらくしてまたナンダを呼び、「ナンダよ、ついてこい」と言って今度は地獄へ連れていきます。すると、今度は鬼がたくさんいて、血がぶくぶくと沸き立っている恐ろしげな釜を取り巻いていました。お釈迦様はナンダに聞きました。「ナンダよ、鬼たちは何をしている」。ナンダが答えます。「わかりません」。

「では何をしているのか聞いてごらん」

ナンダは鬼に「もしもし、あなたがたは何をなさっているんですか」と尋ねました。すると鬼が答えました。「お釈迦様の弟子にナンダというやつがいてな。とても不純なやつで、天女と暮らすために修行しているのだ。しかし、天に生まれ変わったらきっといい気分になって遊んでサボってダラけるに違いない。しかしそうやって遊んでいるうちに寿命が来てやがて死ぬ。そうしたら今度は、過去の悪業の報いで、この地獄へ落ちることになっている。それが待ち遠しくて、わしらはいまからこうやって血の池地獄の準備をして待っておるのだ」

それを聞いたナンダは震えあがりました。そしてそれからは本気で修行して、輪廻の生まれ変わり死に変わりから完全に脱する涅槃を目指しはじめました。その結果、めでたく悟って阿羅漢になることができました、というお話です。

この『サウンダラナンダ』は、ある地方の調査の際に、古いサンスクリット劇の脚本として見つかりました。ということは、二千年近くも前のインドでこのような劇が上演されていたわけです。インド人は歌あり踊りありのミュージカルのようなものが大好きですが、この物語はそれにぴったりです。まず美しい天女が出てきてコーラスラインで踊ります。次に地獄の恐ろしい鬼が出てきておどろおどろしい合唱になり、最後はナンダさん、悟りを開けてよかったねという大団円で終わります。おそらく当時の人々はこの劇を見て仏教の教えとはこうなのだと心に刻み込んだのでしょう。「サウンダラ」というのは「ハンサム」という意味です。つまり「ハンサムなナンダさん」です。

アーナンダ(阿難陀)

続きまして、「ナンダ、アーナンダ」のアーナンダさんです。

この方はたいへんに心がやさしくて、よく気がつく穏やかな人で、お釈迦様のお気に入りでした。私も大好きです。あんまり人柄がよいのでお釈迦様は他のお弟子さんとは扱いを変えて、自分の付き人にしました。お釈迦様が説法しているときや誰かと面談しているとき、いつも後ろについていて、うちわであおいだり、雑事をしたり、じつにこまやかに働きました。きっと一日中いっしょにいても邪魔にならない心地よい存在だったのでしょう。付き人の仕事は二十五年にわたりました。

そのような役どころでしたから、お釈迦様の死後も活躍することになりました。お釈迦様が亡くなったあと、弟子五百人が集まってお釈迦様の残された言葉を確認し、後世に残すための会議を開きました。この会議を「第一結集」といいます。その第一結集のとき、アーナンダが主役として登場するのです。なぜなら、二十五年の間、お釈迦様の後ろにずっと立っていて、お釈迦様の言葉をすべて聞いていたアーナンダが、お釈迦様の教えをいちばんよく憶えていたからです。「お釈迦様はどのような教えを説かれましたか」というメンバーの質問に対して、アーナンダは自分が記憶していた教えを最初からぜんぶ答えていきました。それをみんなが記憶したのです。

このときアーナンダはお釈迦様の言葉の一つ一つに「如是我聞（にょぜがもん）（私はこんなふうに聞きました）」という前置きをつけて語りましたので、仏教のお経にはたいてい頭のところに「如是我聞」がついています。この第一結集はあくまで伝説ですから、本当ではないかもしれません。しかし、仏教徒たちは長い歴史を通じて「お経は第一結集のときに作られた」と信じてきました。そのため、後の時代に作られた新しい聖典であっても、「如是我聞」という言葉を冒頭につけて、「これはお釈迦様の言葉です」という権威づけをするようになりました。そういう、「お釈迦様の言葉」という建て前で書かれた様々な時代の聖典を、私たちはまとめて「お経」と呼んでいるのです。

アーナンダはお釈迦様の言葉をいちばんよく聞いていた人なので、「多聞第一」といわれます。

みなさんもお経に触れられる機会があって「如是我聞」に出会ったら、アーナンダさんを思い出してください。

ラーフラ（羅睺羅）

続いてラーフラさんにいきましょう。この方はお釈迦様の実の子です。人知れず修行することが多かったので「密行第一」と呼ばれました。

この人のエピソードで面白いのは、まず「ラーフラ」という名前です。ラーフラとは星を食べてしまう恐ろしい悪魔という意味です。みなさんは日食、月食はご存じだと思いますが、それと同じように星が消えていく現象があるらしいのです。地球から見たときに、星と星が重なって見えなくなるのですね。それを古代インドの人は星を食べる悪魔がいると思ったのです。不吉な現象です。

では、そんな恐ろしい名前をお釈迦様はなぜわが子につけたかというと、血を分けた息子がいるといつも心がそこに引かれてしまう。つまり自分を現世に執著させ、修行の障りになるという理由です。ラーフラは、お釈迦様が出家する七日前に生まれたとか、あるいはお釈迦様が出家したあとで生まれた、と言われています。

ですからラーフラは、お父さんの顔を見ることなく育ったのですが、悟りを開いてブッダとなったお釈迦様が生まれ故郷に戻ったときに再会し、そのまま出家してお坊さんになりました。その後、お釈迦様の教えをよく学んで一途に精進し、立派な阿羅漢になりました。不吉な名前はもらいましたが、その分、人生の裏表に精通して、深みのあるよい生涯を送った人だと思います。

バークラ(薄拘羅)

バークラというお弟子さんは一風変わっています。たいへん身体が丈夫だったので「精進無病第一」といわれました。

こんな伝説が伝えられています。バークラさんが生まれてすぐの赤ちゃんのとき、お母さんが川で水浴させていて誤って水の中に落としてしまいました。すると、大きな魚がそれをのみこんでさらっていきました。お母さんは悲嘆にくれましたが、あとの祭りです。ところが彼は死んでいませんでした。その後、漁師がその魚を釣り上げて土地の長者の奥さんに差し上げたのですが、奥さんが料理しようとして包丁を入れたら、お腹の中から無傷で出てきたのです。桃から生まれた桃太郎みたいです。奥さんはびっくりしましたが、かわいい子を授かったことをよろこんで、自分の子として育てました。

しかし、それから何年か経って、魚から生まれた子の噂を聞いて実のお母さんが現れ、取りあいになりました。どちらも自分の子だと言って譲らなかったのです。そこで王様の裁きに従い、半年交代で育てることになったそうです。

出家したのちは、黙々と修行にはげみました。孤独を好み、派手なことを嫌い、ひたすら一人で修行に打ち込みました。説法もせず、弟子もとりませんでした。人嫌いという感じですが、そのような出家のあり方も間違いではありません。余分なお布施の品物を一切受け取らない質素さでした。

非常に健康で百歳を超す長寿を保ちましたが、その秘訣は、「信者から寄進されたきれいな衣は着ない」「弟子を持たない」「弟子に教えを説かない」「横になって寝ない」「比丘尼以外の女性の顔を見ない」など、変わったものがありました。仏弟子の中にはこのような奇妙にストイックな人もいるのです。そういう人でも平気で受け入れてしまうところに、サンガという組織のふところの深さを感じます。

ウパーリ（優波離）

最後にもう一人あげましょう。ウパーリさんです。この方の功績は、私の研究の専門分野でもある「律」というものを確立したことにあります。律とは、サンガの中で暮らすお坊さんが守る法律です。もう3時限目でお話ししましたね。その律を、お釈迦様亡きあと、しっかり確立し、その後のサンガの運営方法を定めたのがウパーリなのです。決まりごとをよく守り、規律を重んじる折り目正しい人だったので「持律第一」と呼ばれました。

こんな言葉を残しています。

「信頼の気持ちで世俗から離れ、新たに出家した新参の出家者は、正しい生活を送っている堅実な良い友達とつきあうべきである。サンガの中で暮らす賢い比丘として、律を学ぶべきである。適切なことと不適切なことを心得て、心を乱すことなく、行動すべきである」

持律第一の人らしく、折り目正しい発言です。

極悪比丘デーヴァダッタ

以上、仏教の基礎作りに貢献した優秀な阿羅漢たちを紹介しました。でも、お釈迦様の弟子だからといって必ずしもよい人ばかりだったわけではありません。なかにはけしからん人物もいました。ということで、仏教の歴史の中のいちばんの極悪人とされている弟子を一人紹介しましょう。デーヴァダッタ（提婆達多）です。有名ですからお聞きになった方もあるのではないかと思います。

デーヴァダッタはお釈迦様の親戚です。血がつながっています。ですから身分も高いし、そこそこ頭もよいのです。しかし、だからこそお釈迦様に嫉妬心を持ち、あいつばかりどうしてみんなに崇められてリーダーになっているんだとやっかみました。「私だってリーダーになりたい」という野望を募らせます。

悪だくみを開始したデーヴァダッタは、まずは短絡的にお釈迦様を殺そうとしました。いろいろな方法を試しました。発情期で気が荒くなっている象をけしかけてお釈迦様を踏み殺そうとしたり、殺し屋を雇ってお釈迦様の元に送り込んだりしました。しかし、お釈迦様は力がありますからそんなものは効きません。象はお釈迦様に近づいたとたんおとなしくなりますし、殺し屋もお釈迦様の説法を聞いているうちに弟子になってしまいます。あせったデーヴァダッタは、どんどん数を増やして殺し屋を送り込みますが、みんな弟子になってしまって、お釈迦様の弟子が増えるばかりです。

投石機で石を投げて、打ち殺そうと試みたこともあります。昔のスペクタクル映画にはよく、遠くからばね仕掛けの機械を使って巨大な石をぶーんと飛ばす装置が出てきますが、まさにあれです。しかし、それを見た天の神様、山の神様たちが岩を粉々に砕いて助けました。でも、そのかけらが一つだけお釈迦様のほうに飛んでいってかかとに当たりました。小さな傷ができました。これがお釈迦様が生涯に人の暴力によって血を流した唯一の例とされています。

どうしてもお釈迦様を殺すことはできないと悟ったデーヴァダッタは、せめて教団だけでも奪ってやろうと考え、お釈迦様の教えと異なる「五法」という五種類の邪説を唱え、同意する仲間を募り、乗っ取りを図りました。しかし、このたくらみは高弟のサーリプッタとマハーモッガッラーナによって阻止されます。そしてとうとう最後に、地面が裂けて地獄に落ちます。

地獄というのは、ひどい悪行を働いた人がその報いとして落ちるところですが、デーヴァダッタは悪事の中でもとくに悪いことをしています。仏教の世界には「五逆罪」という最悪の犯罪があります。①父殺し、②母殺し、③阿羅漢殺し、④仏教サンガを破壊すること、⑤お釈迦様の身体を傷つけて、血を流させること。この五つです。デーヴァダッタはこのうちの④と⑤、二つもの大罪をおかしているのですからたいへんです。地獄の中でも最悪の地獄に落ちました。

じつは地獄にも等級があります。楽な地獄からもっとも苦しい地獄まで八段階あります。上のほうの地獄は比較的ましです。鬼がやってきてのこぎりで身体をバラバラに切られます。そのときはもちろん痛いのですが、しばらくするとくっついて元の身体に戻ります。するとまた鬼がやってきてバラバラに切ります。ですから、ところどころに休憩があるわけです。しかし、最悪の地獄には休憩はありません。絶え間なく苦しみが続くので「無間地獄」といいます。日本ではよく「無限地獄」といわれていますが、それは間違いで、正しくは「無間地獄」です。デーヴァダッタはその無間地獄に落ちたのです。

とはいっても、地獄の苦しみも永遠ではありません。輪廻とはそういうもので、その地獄の暮らしも何十億年か続けば終わって、別の世界へ転生します。デーヴァダッタもそうです。彼は地獄へ落ちる瞬間改心してお釈迦様に「助けてください」と叫んだと言われています。ですからその善い業によって、地獄の生活が終わったあとはよい世界に生まれ変わることができるという言い伝えです。そして、修行を積んで最終的には仏になると予言されています。地獄の鬼にいじめられている本人に聞かせてあげたら、きっと元気になることでしょう。

女性だってサンガが欲しい

以上のようなところがお釈迦様の主立ったお弟子さんたちですが、じつはお弟子さんは男性だけではありません。女性の弟子もたくさんいます。男性の修行僧を「比丘」というのに対して、女性は「比丘尼」といいます。大乗仏教一辺倒の日本では、ヤレ修行の妨げだのヤレ不浄だのと言って女性を軽視しますが、お釈迦様の仏教ではそんな差別は基本的にありません。男も女も努力すれば悟れます。阿羅漢にもなれます。涅槃に至ることもできます。修行の道は、男女まったく平等なのです。これは素晴らしい点です。

しかし、厳密に言うとまったく差別がなかったわけではなく、組織制度上の差別はありました。たとえば男性のお坊さんと女性のお坊さんが出会ったときには必ず女性のお坊さんが先にお辞儀をしなければならないとか、女性のお坊さんは半月に一度男性のお坊さんのお説教を聞きにいかなければならないなどです。男性サンガのほうが先にできたため、先輩後輩の序列として、このような差別性が残ったのです。しかし、基本的な考え方としては、男だから何かの能力が優れているとか、女だから悟れないといった優劣があるわけではありません。

ではその、女性のサンガはどのようにして誕生したのでしょう？

お釈迦様がはじめて仏教をおつくりになったころは、お弟子さんは男ばかりでした。したがってお釈迦様は男性だけの宗教集団を作りました。仏教は最初、男性だけを念頭に置いて作られた宗教だったのです。男性のための規則、男性のための設備、そういうものを全部整えて制度が動き出しました。

しかし、お釈迦様の高名が伝わって仏教が盛り上がっていくにつれて女性の聴衆も増え、自分も男の人たちと同じように苦しみから救われたい、悟りの道を歩みたいという女性信者が多くなりました。たくさんの女性から「私たちも出家させてください」と頼まれるようになり、お釈迦様はどうしたものかと迷いました。

これに対して、じつはお釈迦様は、最初は無理だと断ったのです。仏教はすべて男性用にできていますから、いま女性が入ってきたら厄介なことになると考えたのでしょう。ところが、先ほど申し上げた心やさしいアーナンダさんが頑張ってお釈迦様を説得しました。「人間には男女の間に差異はありません。それがあなた様の教えの基本ではないですか、ここで女性を拒否したら仏教の理念にそむくことになります」とお釈迦様につめよりました。しかるべき努力をすれば、悟りに近づけるのは男性も女性もいっしょのはずです。ですから男性のためだけでなく、女性のためにもちゃんと悟りの場所を作りましょうと弟子のほうが先生を叱ったわけです。

さすがにこのときはお釈迦様も「確かにそうだ、お前の言うとおりだ」とうなずいて、かくして女性のためのサンガができました。ただし、すでにメンズクラブとして男性サンガができあがっていて、そのうえにもう一つ女性の僧団を作るのですから、女性は先輩である男性サンガの指示に従って、その意向を伺いながら運営せよと条件をつけました。その規則がそのまま残ってしまったために、いまでも男性サンガと女性サンガでは女性サンガのほうが下に置かれているのです。

このように、アーナンダさんは女性サンガの設立を強く訴えたのですが、なかには女など仲間に入れるべきではないと強硬に反対する弟子もいました。反対派の代表は先ほど述べた堅物のマハーカッサパさんです。このこともあって二人はとても仲が悪かったそうです。

女性出家者の第一号は、ほかならぬお釈迦様の育てのお母さんです。生みのお母さんのマーヤー夫人はお釈迦様を産んですぐ亡くなったのですが、そのあと赤ちゃんだったお釈迦様を育ててくださったのは、マハーパジャーパティー・ゴータミーという女性でした。この人が、成人してブッダとなったお釈迦様の説法を聞いて感激し、最初の比丘尼となったのです。

悲劇のパターチャーラー

では最後にお釈迦様のころの比丘尼の中でもとくに際立ったエピソードのある方を紹介しましょう。パターチャーラーさんという、たいへんつらく、またドラマチックな人生を送った女性です。

この人はもとはたいへん身分の高いお嬢さんでした。ところが、自分の家の召使いと恋に落ちてしまいました。インドはすべてカーストでことが決まる社会ですから、そんな身分違いの二人はけっして結婚できません。しかし、どうしても二人は一緒になりたくて、とうとう駆け落ちしてしまいました。森の中へ逃げ込んで暮らしはじめたのです。家もないお金もない不自由な暮らしでしたが、好きになった者どうしですから毎日は幸せでした。二人の男の子にも恵まれ、楽しい四人の家庭ができあがりました。

ところが、あるとき旦那さんが森の中へ仕事に出かけたまま帰ってこなくなりました。

すっかりなくなっていました。パターチャーラーは愛するものをすべて失い天涯孤独となんとか実家にたどりつくのですが、何ということでしょう。実家は先の大雨に流されてその後なパターチャーラーだけはなんとか向こう岸に渡りましたが、もう半狂乱です。その後なう間に濁流にのまれてしまいました。

がその叫び声を聞いて、お母さんが呼んでいるのだと思ってよちよち川に入り、あっとい
は悲鳴を上げて「子供を返して」と叫びました。すると、岸で待っていたもう一人の子供いかかってきて赤ちゃんを奪うと、そのまま飛び去ってしまいました。パターチャーラーまず弟のほうの赤ちゃんを抱いて川を渡りはじめました。すると、大空から大きな鷲が襲人の子供を同時に連れて渡ることはできません。そこでお兄ちゃんのほうを岸に残して、ところが、その途中で大雨が降って、濁流の川を渡らなければならなくなりました。二

とぼと歩きはじめたのです。

た。そして二人の子供を連れて故郷に向かいました。実家は遠いのですが、とにかくとぼで毒へビに噛まれて死んでいるではありませんか。パターチャーラーは悲嘆にくれましき、お兄ちゃんのほうの手を引いて探しにいきました。すると、愛する夫はなんと森の中二人の子を抱えて、パターチャーラーは途方にくれます。仕方がないので赤ちゃんを抱

り、不幸のどん底に突き落とされてしまったのです。そして、ショックのあまり、半裸で村から村へとさまよい歩くような女性になりました。彼女が来るとみんなが石を投げて追い払います。見るも無残な光景でした。

そのようなときに、お釈迦様に行きあったのです。お釈迦様は彼女を哀れに思って、いったいどうしてこのようなことになったのか、その理由をしずかに尋ねました。すると彼女のほうもだんだん落ち着きを取り戻して、それまでのいきさつを語りはじめたのです。これに対してお釈迦様は「かわいそうだが、それを元の状態に戻してあげることはできない。しかし、お前をいまの苦しみから救うことはできる。私のサンガへ来なさい。私のサンガには様々な苦しみを抱えてやってきた人がたくさんいるから、お前もそこに入って修行するがよい」とおっしゃいました。かくしてパターチャーラーは髪を落として比丘尼になるのです。

心の傷はそう簡単には癒えませんでしたが、新しい人生を始めることで心も安穏となり、やがて悟りを開くことができました。最終的には立派な長老尼になり、よい言葉も残しました。

以上のようなところが、お釈迦様のお弟子さんたちのお話です。お釈迦様をとりまいていた人物群像の雰囲気を感じていただくことはできましたでしょうか。

お弟子さんたちの残した言葉を詳しくお知りになりたい方は、岩波文庫から中村元（はじめ）先生の訳で『仏弟子の告白』『尼僧の告白』という本が出ています。そこにはお釈迦様の直（じき）弟子（でし）たちの言葉がたくさん入っています。

では、午前の部はこれくらいにして、ちょっと休憩いたしましょう。それから、2時限目でお話しした「お釈迦様の年代確定」についての図解を次ページ以降に載せておきました。そのあとで午後の部に移っていきましょう。

「仏滅」はいつか?

「お釈迦様はいつ死んだのか」という課題に対しては、様々な学説があります。

学説その一 南伝説

インドに歴史の年代記述はない。スリランカなどの南方諸国に伝わる、王の間柄やそれぞれの在位期間などを記した数字を計算した結果……。

仏滅 BC五四四年

チャンドラグプタ(アショーカ王の祖父)の即位
＝**仏滅後 百六十八年**

アショーカ王の即位
＝**仏滅後 二百十八年**

▶ **アショーカ王の即位＝BC三二六年**

学説 その二

ターナーによる修正南伝説（一八三七年）

ギリシャ人の歴史記録にチャンドラグプタに関する記述を発見。すべての年代が記録されているそのギリシャ人の記録をもとに唱えたイギリスの歴史学者ターナーの説。

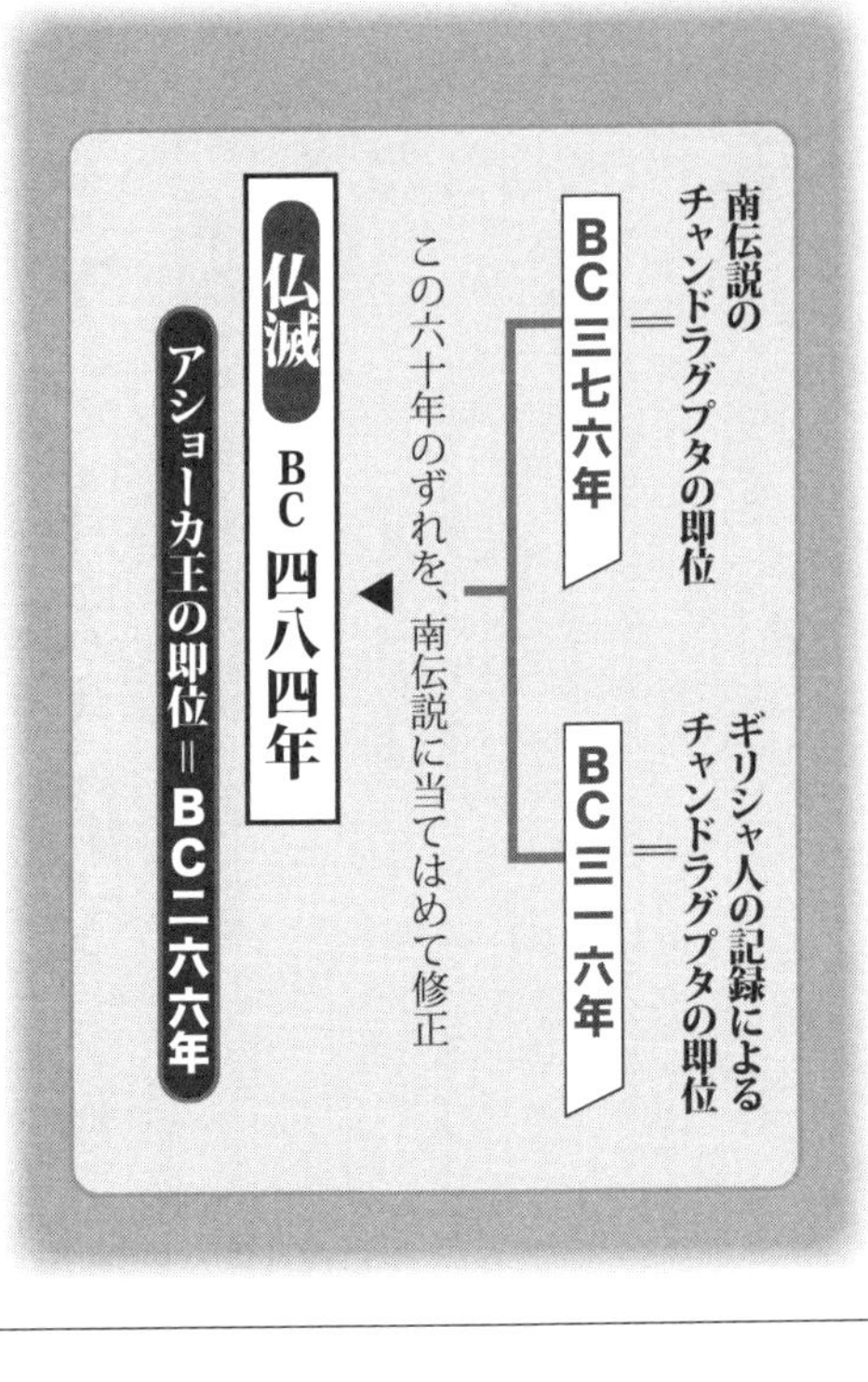

学説 その三

プリンセプによる「アショーカ王碑文」の解読（一八三七年）

イギリスの考古学者プリンセプが、コインを使った研究によって「アショーカ王碑文」を解読。その碑文の中の「十四章摩崖法勅」にギリシャ地域の五人（①〜⑤）の王の名が記されていた。

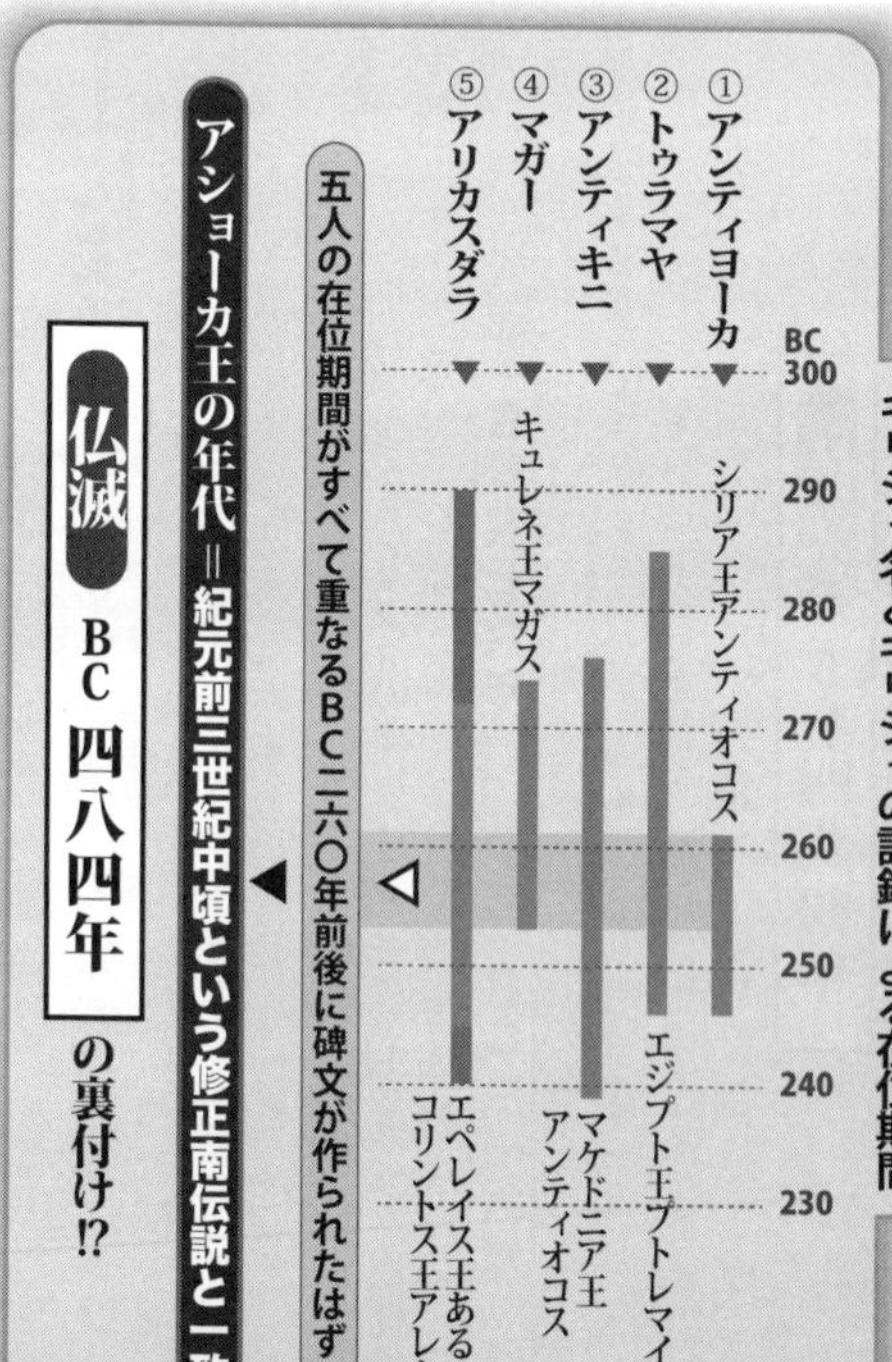

学説 その四

北伝説

ところが、中国に伝わった資料には、仏滅とアショーカ王即位の間を百十六年（あるいは百六十年）と書いてある。アショーカ王の即位は碑文の解読によりBC二六〇年前後で確定したので、そこから計算すると……。

アショーカ王の即位BC二六〇年ころ **マイナス**百十六年

仏滅 BC三八〇年ころ

▼

修正南伝説の仏滅＝BC四八四年

▼

修正南伝説とは、約百年のずれ

その後、修正南伝説の問題点も指摘され、一時は定説となった修正南伝説が衰退し、北伝説に肩入れする学者が多くなってきたが……。

学説 その五

衆聖点記説

紀元後五世紀の終わりころ、中国に来たサンガバドラというインド人僧侶が、奇妙な品物を持っていた。

「お釈迦様が亡くなってから、毎年一つずつ点を書き込んだという木の板」

▼

そこには、九七五の点が打ってあった

▼

サンガバドラが中国に来たのは四八九年

▼

仏滅 BC四八六年

「仏滅」はいつか？

やはりターナーの修正南伝説は正しいのか。謎はいまだに解明されておらず、私たちはお釈迦様の時代を「今からおよそ二千五百年前」としか表現できない。

5時限目　部派仏教から大乗仏教へ

こんなに違う、大乗仏教

今日、私は仏教の原初の形、すなわちお釈迦様がお始めになったときの仏教についてお話ししておりますが、みなさんもご存じのように私たちの身近にある仏教はそれとはかなり違います。なぜなら日本は大乗仏教の国だからです。

日本にはたくさんの宗派があります。曹洞宗や臨済宗のような禅宗もあれば、天台宗や真言宗のような密教もあります。「南無妙法蓮華経」の日蓮宗や法華宗もあります。「南無阿弥陀仏」の浄土宗や浄土真宗もあります。ほかにも様々な宗派が活動していますが、それらはぜんぶ大乗仏教です。そのどれもが仏教の原型からするとかなり様変わりしています。仏教の世界では、よく「道は違っても頂(いただき)は一つ」などと言って宗派間の共通性を強調します。しかし、正直なところ「頂は一つ」などとはとても言えないほど違いは大きいと私は思っております。

どの宗教でも、時間がたてば次第に多様化が進みます。キリスト教やイスラム教なども そうです。いろいろな宗派に枝分かれもします。しかし仏教の場合は少し事情が違うのです。変移や多様化の仕方があまりに激しく、またいちどきに起こっている点が独特なのです。

そこで、この時間は、いったいなぜそのような不思議な事態が起こったのかということについて述べることにします。

では、本題に入る前にお釈迦様の仏教と大乗仏教はいかに違うかということについて、端的な例をあげましょう。

お釈迦様の教えをいまも色濃く受け継いでいる上座部仏教では、仏（ブッダ＝真に悟った人）といえばお釈迦様のことです。お釈迦様お一人です。ほかには仏はおられません。ですから、出家して仏弟子となった人は一生懸命修行して悟りを開きますが、仏になることはできません。前の時間にも申し上げたように阿羅漢と呼ばれる聖者になるのです。お釈迦様の仏教では仏というのは本当に特別なリーダーのことであり、常人が仏になることなどとても無理なのです。

仏教とはもともとそういうものでした。しかし、時代が下って何百年もたつと違う考え方をする人たちが現れて、一生懸命修行する以上は阿羅漢ではなくお釈迦様と同じような仏になりたいと思うようになりました。「皆で仏を目指そう」という考えです。これが大乗仏教です。みんなが仏を目指すのですから、釈迦以外にも仏になっている人はたくさんいる、ということになります。

みなさんもお寺に行かれたとき、いろんな仏様の像をご覧になったことがあるでしょう。どんな仏様をご覧になりましたか。どうぞ言ってみてください。

阿弥陀如来に……大日如来。ハイ、それから？　薬師如来。それから？　ハイ、阿閦如来なんていう難しい名前の仏様もおられますね。ああそれから、肝腎の釈迦如来――お釈迦様をお忘れになってはいけませんよ。え？　「如来」と「仏」の違いですか？　同じです。仏のことを如来と申し上げるのです。

仏様がたくさんおられるのなら、仏様になる前の修行中の方もたくさんいるはずですね。これを「菩薩」と言います。菩薩様もいずれ仏様になるので、やはりありがたい存在ですから、大乗仏教ではたいへん崇めます。たとえば、観音菩薩、勢至菩薩、地蔵菩薩、文殊菩薩などがおられます。

お釈迦様がおつくりになった本来の仏教では、一人の仏様が亡くなって次の仏（つまり現在菩薩の方）がこの世に現れるまでには数十億年もかかると考えていました。ですから本当なら二千五百年前にお釈迦様が亡くなって以来、いまなお「仏」は不在であるはずなのです。次に現れる予定の仏は「弥勒」という名の方で、現在は「弥勒菩薩」として、天の世界で修行中です。これが大乗仏教より前の、本来の古いかたちの仏教が考えた、仏の現れ方です。京都の広隆寺に指を頬にあてがって思案中の半跏思惟像があります。あの弥勒様だけがお釈迦様の次にこの世に現れる予定の、目下修行中の菩薩と考えられていたのです。

しかし、大乗仏教がそのシステムを変えました。たくさんの仏様が同時に登場できるようにしたのです。その結果、まるで〝八百万の神様〟のように仏様が増えました。そして、お釈迦様はたくさんの仏様のうちの一員にすぎなくなってしまったのです。

実際、日本のお寺では本堂の真ん中に安置してあるご本尊は釈迦如来とは限りません。むしろそれ以外の仏様を安置している場合のほうが多いのです。私の生家は浄土真宗ですが、浄土真宗のお寺では真ん中にいらっしゃるのは必ず阿弥陀如来です。また、宗派によっては仏様（如来）ではなく、修行中の菩薩様を真ん中に安置しているお寺さえあります。

と、そのような大乗仏教ですが、みんなが仏になれるという可能性を与えてくれる夢のある教えですし、仏様におすがりすれば救ってくださるという衆生救済の考えも一般向きなので、幅広く人気が出ました。実際、お年寄りにも女性にも貧しい人にも、あるいは重病の人や、その他様々な障害を持つ人たちにも信仰の道が開かれているのは大乗仏教です。すべてを捨てて出家しなければ修行できないお釈迦様の仏教と違って、大乗仏教は在家のままでも一心に仏様を信じて善行を積めば悟りに近づくことができると言います。この点も大乗仏教が人気を博した要因だったと思います。

このように新旧二種類の仏教はまったくコンセプトが違いますから、紀元後すぐに、両者がシルクロードを通って中国に伝わったとき、中国の人々はこれが同じ一つの宗教なのかと驚きました。そして二つを見くらべて、自分たちにはお釈迦様の仏教よりも大乗仏教のほうがなじむと考え、大乗仏教を主に取り入れました。日本にはその中国から仏教が伝わりましたから、日本は大乗仏教一辺倒の国になったのです。

以上のようなことが前ふりです。では、これからなぜ仏教はそれほど変化したのか、言い方を変えれば、なぜ仏教はそれほどの変化を容認したのかについて、私が研究してわかったことを述べていきます。すべてが解決したわけではありませんが、核となる部分はおさえることができたのではないかと思っています。私自身の研究成果のご紹介です。

仏教史の二つの謎

じつを言うとこれは仏教学者としての私自身の大きなテーマでありまして、大乗仏教と

仏教の伝播

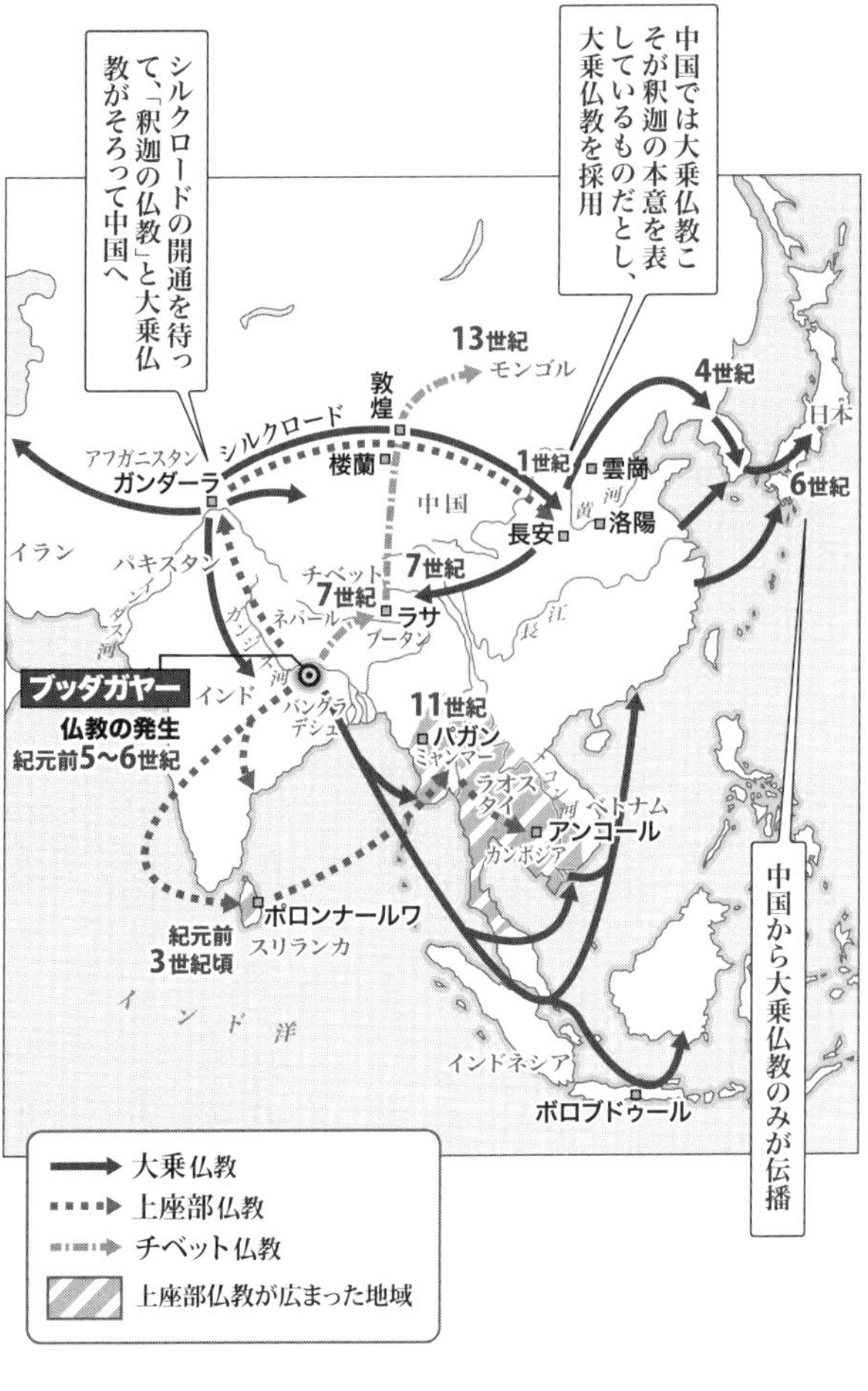
シルクロードの開通を待って、「釈迦の仏教」と大乗仏教がそろって中国へ
中国では大乗仏教こそが釈迦の本意を表しているものだとし、大乗仏教を採用
中国から大乗仏教のみが伝播
13世紀
モンゴル
敦煌
シルクロード
アフガニスタン
ガンダーラ
楼蘭
中国
1世紀
雲崗
黄河
洛陽
長安
4世紀
日本
6世紀
イラン
パキスタン
チベット
7世紀
7世紀
ネパール
ラサ
ブータン
インダス河
ガンジス河
長江
ブッダガヤー
インド
仏教の発生
紀元前5〜6世紀
バングラデシュ
11世紀
パガン
ミャンマー
ラオス
タイ
ベトナム
メコン河
アンコール
カンボジア
ポロンナールワ
紀元前
3世紀頃
スリランカ
インド洋
インドネシア
ボロブドゥール
大乗仏教
上座部仏教
チベット仏教
上座部仏教が広まった地域

いう宗教をどのように定義し、それが生まれてきた理由をどのように説明するかということは、私のライフワークでもあるのです。

まず申し上げなければいけないのは、いま私は「お釈迦様の仏教」から「大乗仏教」への展開、という言い方をしましたが、実際にはこの二段階ではなく、その間にもう一段階あることです。それは「部派仏教」というものです。それに伴って二つの大きな謎があります。

お釈迦様が生きておられたとき、言うまでもなく仏教は一つでした。ところがお釈迦様が亡くなって百〜二百年ぐらいたつと分裂が始まり、一気に二十いくつもの派に分かれました。しかも、面白いことにそれらはそれぞれ「〇〇部」「××部」といった名前を持って互いに認めあうような派閥社会ができあがりました。これが一つ目の大きな謎です。

スリランカやタイはお釈迦様時代の仏教の形がよく保たれた国ですが、あのお坊さんたちはこの部派仏教の後裔の一つです。二十いくつに分かれたうちの一つが、いまスリランカやタイに残っているのです。

そして、それからまた何百年かたつと、二十いくつに分裂した先に、さらにもう一段階大きく異なる一群が現れました。これが大乗仏教です。紀元前後ごろです。部派仏教は教義の内容の違いというよりも、どちらかというと力関係の問題、すなわち政党が分かれるような感覚だったのですが、大乗仏教は仏教というものに対する考え方そのものが違います。全く別系統の仏教なのです。この彼らが部派仏教のいったいどこから派生してきたものなのかというルーツがまたわかりません。これが二つ目の謎です。「部派仏教とは何か」「大乗仏教はなぜ起こったのか」という二つの謎があるのです。

大乗仏教の発生に関してはいくつか学説がありまして、十五年ほど前までは大乗仏教は部派仏教とは無関係なところから現れたという説が有力でした。僧侶が作るサンガ組織とは全く関係のない、在家の一般人が大乗仏教を作ったという考え方です。しかし、いまではそれは否定されて、部派仏教のどこかから生まれたのだろうということになっています。いくつかの部派のグループの中からぼわんとした形で出てきたのだろうといわれていますが、それだけでは答えにならないので、いまも学界で盛んに議論されています。

もう一度まとめましょう。仏教の歴史の中には大きな不自然が二つあります。一つはお釈迦様の死後百〜二百年くらいのころ、一挙に二十いくつの部派に分かれたこと。そしてもう一つは、それからさらに何百年かのちに、それまでとは全く違う考え方をする大乗仏教がどこからか現れてきたことです。ここまでよろしいでしょうか。

「アショーカ王碑文」の三つの疑問

ここからは私が研究を行なった経緯に沿ってお話ししていくことにします。したがって、多少ドキュメントふうになるかと思います。

ことの発端はいまから三十年ほど前、私が大学院の修士のときです。イギリスからK・R・ノーマンという偉い先生がいらっしゃいました。インド言語の世界的な権威で、アショーカ王碑文の研究をされていました。私のそのときの指導教官は梶山雄一という先生だったのですが、その梶山先生から「佐々木君は仏教の戒律を研究しているけれども、ノーマン先生の今度のお話は戒律に関係するからよく勉強して何か質問をしなさい」と言われました。そこで私は一生懸命質問を考えて、英語に直して覚え、会場で手を上げました。いまでは何を質問したのかすっかり忘れてしまいましたが、そんなことはいいのです。それよりも収穫だったのは、この機会にアショーカ王碑文をしっかり読んでみたことです。これによって自分にとって大きなテーマが生まれました。

ノーマン先生は講演の中でアショーカ王の碑文の中にはいくつか、釈然としないところがあるとおっしゃいました。先にも申しましたように石に刻まれたアショーカ王の碑文はインド全土にたくさんあるのですが、このときお話になったのは、俗に「分裂法勅（ぶんれつほうちょく）」と呼ばれる特殊な内容の碑文です。分裂法勅とは、僧団（サンガ）を分裂させる行為――これを「破僧」といいます。「僧」とは「お坊さん」のことではなく「僧団」のことです――を強く戒めた勅令です。訳文をこの5時限目の最後にあげておりますので、ご覧になりながら聞いてください（資料1）。

冒頭に「天愛が命令する」とありますが、「天愛」とはアショーカ王の別名です。その王がパータリプタという土地の代官に、サンガの組織を分裂させるのは悪いことだから、そのような者がいたら、白衣を着せて（「還俗させる」の意）、一般人の住む場所に住まわせなさいと言っているのです。そして、この勅命は比丘サンガと比丘尼サンガによくよく告知されねばならず、また写し一通を役所に預かって、あなたがた（パータリプタの代官）らが保管しなさい。また同じ写しを優婆塞（在家信者）に届けなさい。優婆塞もあなたがたも斎日（精進潔斎の日のような特別の日）にはこの命令をvisvāsするために「布薩」（サンガで行なわれる集会）に参加しなければいけない、と言っております。

なぜここでvisvāsというもとの言葉を残しているかというと、この言葉をどう翻訳するかが問題だからです。

この文章に対して、ノーマン先生が釈然としないとおっしゃったのは、以下の三点です。

一つ目は、「住まわせよ」という動詞が違和感のある言葉だということです。破僧をたくらむのは悪人ですから、「罰せよ」とか「追い出せ」というならわかります。が、「住まわせる」という言葉はとても丁寧な言い方なのです。お願いして住んでもらうというニュアンスです。これが読み切れないと言われました。

二つ目は、そもそも破僧をくわだてた人をどのように処罰するかは、「律」、すなわちお坊さんたちの法律で決めるべきことです。お坊さんに決める権利があります。しかし、この法勅ではまるでアショーカ王が国家権力において違反者の追放を行なっているように読めます。これは仏教の世界ではありえないことであり、おかしいとのことでした。

そして、三番目は「viśvās」です。優婆塞や役人はことあるごとにお寺に行ってviśvāsせよとありますが、何をせよと言っているのか。ここでのviśvāsという動詞の使い方に従えば、意味は「信頼させる」とか「信用させる」です。何を信頼させるのか、その内容がわからないとノーマン先生はおっしゃいました。

手がかり発見、『摩訶僧祇律』

以上のような講演を行なったのち、先生はお国のイギリスにお帰りになったのですが、私はその後も興味を持って戒律に関する本を一生懸命調べたり読んだりしておりました。そうしたら、ある日面白いものを見つけました。それは『摩訶僧祇律』という、律について記した書物です。その中に非常に気になるくだりがあったのです。こちらも後ろに訳文をあげておりますので、ご覧になりながら聞いてください（資料2）。

もしサンガの比丘が破僧しようとしている悪い仲間を見つけたら、「君、だめだよ、破僧はたいへんな罪だ。悪道に落ち地獄へ行くことになるぞ。君には衣鉢をあげよう。わからないことがあったら何でも教えてあげよう。だからやめたまえ」となだめなさいとあったのです。それでもダメな場合は、実力のある土地の優婆塞に「これこれこういう者が破僧しようとしていますのでなんとかしてください」と頼めといいます。頼まれた優婆塞は、その悪い比丘に、「あなた、いけませんよ。もし出家生活に不満があるなら還俗なさい。私がお嫁さんをお世話して、必要な物もそろえてあげます」と一生懸命説得しろといいます。それでも改心しない場合は、舎羅籌（賛成、反対を示す投票棒のようなもの）を使って議決して、結果により除名とし、サンガの人々に「破僧をたくらむ者がいますから気をつけてください」と周知します。それでもなお防ぎきれなくてくわだてが実行されてしまったらおしまいです。そのサンガは分裂です――とあったのです。どうでしょう。アショーカ王の碑文との関連性が見えてきませんか。

碑文には疑問点が三つありました。

まず、「住まわせよ」という言い方です。仏教僧団を分裂させそうな人がいたら白い衣を着せて還俗させて僧団以外のところに住まわせなさいと、妙に丁寧な言葉で言っていました。そこで『摩訶僧祇律』を読むと、破僧をたくらむ人がいたら、優婆塞が、思いとどまるよう親切に説いて、お嫁さんの世話や、必要なものの提供を申し出ることで、平和的にお寺の世界から足を洗ってもらえといっています。ですから、この内容とニュアンスを動詞で表すとしたら「住まわせなさい」という言い方が適切なのです。

二つ目は、アショーカ王が国家権力をふるって悪い比丘を処罰するのは律の理念に合わないという点です。しかし、いま述べたように、そういう人に対してはまわりの在家信者がねんごろに配慮してあげなさいという勧めなのであれば、国家がサンガの権限を押しのけて横合いから強権を発動するという話ではありません。俗世間に戻った場合の世話を請け負って、問題解決の手助けをするというのですから、国家権力がお坊さんの世界の治外法権を乱すわけではないのです。

そして、三つ目のviśvās（安心させる）です。これもいま申し上げたことを念頭に置いて考えればおのずと見えてきます。すなわち、お寺の特別な集会のたびに優婆塞が顔を出して、お坊さんたちに対して、サンガを分裂させようと考えている人がいた場合の処置について受けあうのです。「万一のときは私がよいようにとりはからいますから言ってください」と普段からアナウンスして安心してもらう。これが何かをviśvās、つまり「安心させる」ことの内容です。

このように、アショーカ王碑文を『摩訶僧祇律』とあわせて読むと、意味のわからなかったところがみんな読めてくるのです。

アショーカ王碑文に書かれていることと、お経や律などの具体的な資料との対応を指摘したのは、これが初めての例だと思います。

「破僧」とは何か

アショーカ王碑文と『摩訶僧祇律』がピンポイントでつながったことは、一つの年代が決まることを意味しています。先の図解でも触れましたが、インドの古代史の中で時代が決定できるのはアショーカ王碑文だけです。それとある一つの文章が対応しているということは、その文章がアショーカ王の時代である紀元前二六〇年ごろの仏教の様子を表しているということになります。

しかし、この二つが対応していることは一〇〇パーセント確実なものではありません。私が読み合わせてみたらそのように読めるというだけの仮説ですから、間違っているかもしれません。仮説をもとにしてその上にどんどんいろんな推測を積み重ねていきますと、最初の仮説がひっくり返ったときに全部つぶれてしまうことがあります。それはたいへん危険なことなので、私はこの問題にそれ以上深入りするのはやめて、いったん脇に置いて、もう少し別の側面から別の調査を行なうことにしました。

何を始めたのかといいますと、仏教サンガを壊そうとする「破僧」という行為について調べることにしたのです。仏教の様々な文献や戒律で、破僧はどのように扱われているのかという問題です。アショーカ王の分裂法勅と、それに対応する『摩訶僧祇律』の文章は、どちらも破僧をテーマとする内容でした。そこで、「では破僧とは何だ」という視点で別個の研究を始めたのです。

調査を始めてみると、破僧はいろいろな仏教の本の中にたくさん登場することがわかりました。というのも、仏教史の中にはデーヴァダッタという伝説的な悪比丘がいます。お釈迦様に歯向かい、教団乗っ取りをはかり、こともあろうにお釈迦様の殺害を企てた大悪人です。前の時間に触れました。覚えておいでですか？　その有名な話がありますから、いろいろな資料に破僧のことが出てくるのです。そこでそういったいろいろな文献を探っていきましたら、また注目すべき事実に出会いました。「破僧」とはそもそもどういうことを指すのかという定義についての新発見です。

まず、『十誦律（じゅうじゅりつ）』という名の戒律集の中に、以下のようにありました。これも訳文をあげます（資料3）。私は要点だけかいつまんで言いますので、ご覧になりながら聞いてください。

お釈迦様が舎衛城におられたとき、長老の優波離（ウパーリ）がお釈迦様に「破僧」とは何を指すのですかと尋ねました。するとお釈迦様は「唱説」と「取籌（しゅちゅう）」という二つの条件が揃った場合、破僧であるとおっしゃいました。「唱説」とは調達（デーヴァダッタ）がサンガをのっとろうとしたときのように、僧団の中で「私は次のように提言します」と言って、お釈迦様の教えとは違う、勝手な解釈を提言することです。「取籌」とはデーヴァダッタがやったように、自分の解釈に賛成する人を集めて徒党を組み、独自の教団を作ることです。

このように『十誦律』は、かつてデーヴァダッタがやったように、「お釈迦様と違う解釈を唱え、同意する者たちで徒党を組むこと」が破僧だと言っております。

ところが、先ほど、アショーカ王碑文と対応する文章を含んでいるといった『摩訶僧祇律』にも、「破僧」の定義が書いてありまして、驚いたことにこちらは全然違うことを言っているのです。これも訳文をあげましたので、ご覧になりながら聞いてください（資料4）。

サンガの中にもしお釈迦様とは違う解釈を主張する者たちが現れて悶着が起こったとしても、同じ領域の中に共住し、「布薩」や「羯磨」といった集団儀式をともに行なっているかぎり「破僧」ではない。別々に儀式を行なうようになったら破僧である。「布薩」というのは、先ほども出てきました。サンガの中で半月に一度行なわれる反省会の儀式で、そこで暮らしているお坊さんは百人いようが二百人いようが全員で集まって行なわなくてはならない、たいへん重要な儀式です。「羯磨」とは、そのあとに続けて行なわれるもので、いろんなサンガの事柄を決めるための重要な会議です。布薩と羯磨を合わせて一つのイメージでとらえていただくといいと思います。すなわち、みんなで集まる大事な儀式を一緒に行なっているかぎりは、多少もめごとがあっても破僧ではないと言っているのです。

二つの定義は根本的に全く違います。これは重大な問題です。仏教僧団を分裂させることはたいへんな罪であるのに、その罪の定義が本によって異なる。これは相当の理由が背景にあると考えなくてはなりません。

私はもっと探求する必要があると思い、調査を進めていきました。すると、「律」とは関係ない方面から大きな手がかりが現れました。それは『倶舎論（くしゃろん）』という、律よりもずっとあとにできた哲学書です。そこにはなんと！　「破僧」の定義は二種類あるとはっきり書いてあったのです。

また訳文をあげます（資料5）。少々ややこしい文章ですが、意味は簡単です。

すなわち、破僧には二種類あって、一つはお釈迦様の教えとは違う考え方を唱えることで、破法輪（はぼうりん）（cakrabheda チャクラベーダ）といいます。そしてもう一つは儀式を一緒にしないことであり、破羯磨（はこんま）（karmabheda カルマベーダ）といいます。そのあとが重要です。すなわち、お釈迦様が生きておられたときはお釈迦様の教えに異論を唱えて徒党を組み、僧団を分裂させる形の破僧（チャクラベーダ）があったけれども、お釈迦様が亡くなったいまはそれはありえず、儀式に参加しない形の破僧（カルマベーダ）だけしかないというのです。

とんでもないことを言っております。お釈迦様が生きておられるときならば、「お釈迦様の教えにたてついて、自分たち独自の教団を創設する」という行為は実行可能だが、お釈迦様が亡くなってしまったら、「お釈迦様の教えにたてつく」という行為そのものができなくなる。だから「お釈迦様の教えとは違う考えを唱えることでサンガを分裂させる」というチャクラベーダはもう起こしようがない。したがって、お釈迦様がおられない現在においては、「一緒に儀式をしないことで破僧する」という、カルマベーダしか起こせない、と言っているのです。

もちろんこれは屁理屈です。「お釈迦様が生きておられるときにしか、お釈迦様の教えにたてつくことはできない」などということは実際には不合理です。しかし、その不合理を屁理屈によって正当化しようとしているところが問題なのです。これは、現実にはカルマベーダだけが破僧の定義になっており、チャクラベーダ（デーヴァダッタがやったような破僧）は使用不可能になったという事実を、正当化するための作られた理屈なのです。

これによって「破僧」とは何かというテーマの追求に一つの結論が見えました。仏教の歴史の中には二種類の違った破僧の定義が存在したのです。そしてそれらは、あるとき、何らかの理由があってチェンジしたのです。

以上のことがわかった私は、ほかの文献やお経の中に記されている「破僧」の定義は、二つのうちのどちらの定義を指していて、どちらが古い形なのかという調査を進めていきました。

その結果、答えは明らかに出ました。みなさんもおそらく予想されていると思いますが、デーヴァダッタ型の、すなわちお釈迦様の教えとは違うことを唱えるチャクラベーダが古いのです。もともとはサンガの分裂といえば、一貫してこちらを指していました。古い文献を見ると皆そうでした。ところが、途中から変わったのです。お釈迦様の教えと違うことを唱えてもいい。違っていても儀式さえ一緒にやっていれば破僧にはならない。儀式を別々にした段階で初めて破僧とみなすというカルマベーダに定義を変えたのです。

二つの研究がつながった！

さて、こうして私が取り組んだ二つのアプローチの両方に、いちおうの結論が出ました。

復習しますと、一つは、「アショーカ王碑文」と『摩訶僧祇律』に書かれている破僧の処置についての記述に共通性があることです。「両者はつながっている」という事実です。そして、もう一つは、「破僧」の定義には二種類あって、それが歴史の中のどこかの段階でなんらかの理由があって転換したという事実です。

しかし、この二つの結論は別個のものです。そのままではそれぞれに違った事実を発見したということになるだけで、これ以上展開しません。ですから、ここから先は二つの研究にどのように結節点を見出していくかが問題になります。これが私にとって三つ目のチャレンジになりました。そして、この結果が、「部派仏教への展開」について答えを提供してくれることになるのです。

この証明は難しく、ああでもないこうでもないと試行錯誤しながら都合五年ぐらいやり続けたのですが、ありがたいことに道は開けました。何を調べたのかといいますと、先ほどから申し上げている『摩訶僧祇律』という戒律の本を、もう一度新しい目で一から洗い直したのです。とりわけ本の構造について徹底的に調べることにしました。というのも、律について書かれた書物は数々ありますが、『摩訶僧祇律』はなかでも奇妙なのです。構造が整っておらず、わかりにくく、文章がブツ切りになったようなおかしなところがたくさんあります。そこで、その読みにくさの理由についてもあわせて考えることにしたのです。

ここでみなさんに伺います。『摩訶僧祇律』に書かれていた破僧の定義はチャクラベーダか、カルマベーダか、どちらでしたか？

ハイ、右の方どうぞ。そうですそうです、カルマベーダです。『十誦律』と『摩訶僧祇律』がそれぞれ別個の破僧定義を示していたことはすでに申し上げましたね。そして『摩訶僧祇律』のほうの定義は「一緒に行事をしないと破僧になる」というのですから、それはカルマベーダです。歴史的に新しいほうです。書き換えられたあとの定義を採用しているのです。

そこに注目しながら、『摩訶僧祇律』を隅から隅まで調べていきました。とても分厚い本ですが一行一行読んで内容を分析して、表にして、どこがどう不自然なのか検討していきました。

その結果、『摩訶僧祇律』はあることに関する記述だけを、無理に一ヵ所に集めようとしたことがわかりました。だから、たいへん読みにくいバランスの悪い本になったのです。

それは何かと言いますと——、「儀式を一緒にやらなかったら破僧だ」という新しい定義、つまりカルマベーダの中で重要視されていた「羯磨」と呼ばれる会議の部分です。先にも言いましたように羯磨とは布薩の儀式とセットで行なわれる全員参加の会合で、サンガの運営会議のようなものです。僧団全員で行なう行事の中でもとりわけ大事なものです。

その羯磨という会議に言及する記述は、本来ならば律という大きな本の様々な場所で状況に応じていろいろに説かれているものなのですが、『摩訶僧祇律』は、そういった各所に散在していた羯磨関係の記述をすべて抜き出し、ぎゅっと一つにかためて、本のいちばん冒頭の部分に置いたのです。そのため、あとの部分は、文章が抜き取られた穴あき状態で残り、全体の構造がゆがんでしまったのです。

ここからが重要です。

では、この本はなぜそのような不自然な改編をしたのでしょうか。それは、羯磨について体系的に語らねばならない必要性が出てきたからです。だから改編したのです。「いま仏教界では羯磨についての理解が最重要である」と認識したからこそ、あえて切り貼りのような編集をしたのだと考えるのが自然です。とすると、この不自然な改訂が行なわれたときこそが、「破僧」の定義が変更された時期である可能性がきわめて高くなります。新しい定義であるカルマベーダは、布薩や羯磨を一緒にしないことを破僧とするのですから、それを導入するに際しては、「羯磨とは何か」という問題を明確化しておく必要があるからです（なお、布薩は羯磨の一種と見なされるので、羯磨を語れば自然と布薩も語られたことになります）。

では、そういった改編は、いつ行なわれたのでしょうか。その答えは――、最初にお話ししたアショーカ王碑文が答えてくれます。というのも、『摩訶僧祇律』の中で羯磨に関する部分だけを集めてきた冒頭の部分のいちばん最後に記されている文章こそが、「アショーカ王碑文」と内容が共通していた、まさにあの場所なのです。すなわち、「破僧をたくらもうとしている人がいたら説得して還俗してもらい、優婆塞がお嫁さんや身の回りの道具などの世話もして、一般社会の中に住まわせなさい」というあの文章です。つまり、『摩訶僧祇律』にカルマベーダを導入したとき、それに応じて羯磨関係の記述だけをまとめて冒頭に置いたのですが、そのまとめた部分のいちばんシッポに、アショーカ王碑文と対応する文章がついている、ということです。

おわかりになりましたでしょうか？　まとめます。

あるとき、破僧の定義の変更が行なわれました。これにともなって『摩訶僧祇律』も改編され、その結果、この本は不自然な構造になりました。そしてその改編作業の要のシッポの部分に、アショーカ王碑文と対応する文章がきているのです。ということはつまり、破僧の定義が変更された時期はアショーカ王のころということになるのです。

アショーカ王の碑文が作られた年代は紀元前二六〇年ごろですから、破僧の定義が変更されたのも紀元前二六〇年ごろといえるわけです。

時間の関係上、細かい議論はぜんぶ省略して要点だけをつまみ食いで申し上げましたが、これが、三段階のプロセスを取ることによって私が出した結論です。

仏教の変移と多様化の答え

しかし、話はここで終わりではありません。この時間の肝心かなめのテーマに答えを出さなくてはいけません。それは部派仏教、つまりたくさんのセクトが並び立って現れた理由、および、原型からかけ離れた大乗仏教が現れてきた理由です。

まず、お釈迦様のころにはただ一つだった仏教が、あるときいきなり二十いくつの部派に分かれたのはなぜでしょう。これは結論から言いますと、いちどきに二十いくつに分かれたのではないのです。破僧の定義の変更によって、一挙に二十いくつに分かれたように見える事態になったのです。それはこういうことです。

お釈迦様の死後、自然の成り行きとして弟子たちの考え方にずれが生じ、それにしたがって派閥のようなものができ、全体に歩調が乱れてきました。そして、おそらくアショーカ王のころにかなりのケンカ状態に陥ったのです。お前の考え方は仏教ではない、お前こそ仏教の教えからはずれていると言い合いになったのでしょう。放っておいたらたいへんなことになりそうな気配になったのだと思います。

そこで、アショーカ王はこれでは困ると考え、なんとかまとめようとしたのです。しかし、これは主義や解釈の違いですから、どちらが間違っている、どちらが正しいという問題ではありません。どちらかを正統とすれば、そうでないほうは邪教ということになってしまいます。「間違った教えを主張して徒党を組めば破僧だ」という古いチャクラベーダの定義に従うかぎり、どう処理しても、誰かが「破僧の悪人」ということになってしまうのです。そこで、当時の仏教界は定義のほうを変えたのです。すなわち、「違う考えを持っていても、儀式や集会をともに行なっていれば同じ仲間と見なす」。このように定義を変えれば、多少揉めている状態でも仏教という一つの看板のもとにまとまることができます。争う必要がなくなります。そのための定義変更だったのです。

「お互いに違うけれども、すべてを組織内の一員として認める」ということになれば、それぞれのグループを区別するためのグループ名が必要になってきます。〇〇部、××部といった名称です。こうして皆が新しい名前を名乗ったため、一挙に二十いくつの派に分かれたかのような事態になったのです。破僧の定義がカルマベーダに変わり、意見の違う者であっても儀式にさえ出席していれば、皆、仏教の出家者として認める、ということになったため、仏教世界は、意見の違う者でも共住できる世界となりました。ということは、意見の違う者を区分けするための名前が必要になります。それが、部派それぞれが持っている名前です。一つの仏教が次々に分かれていって、そのたびに「オレたちはこれから何々部と名乗るぞ」などと名前をつけていったのではなく、様々な要因で多様化し始めていた仏教世界に、「多様性を認める」というお墨付きが出たため、いっせいに「自分たちの名前」を持つようになり、実際の状況は何も変わっていないのに、外から見ると、突然仏教が多数の部派に分裂したように見えることとなった、そういうことなのです。

これで、仏教史の謎の一つ「部派仏教」の登場について説明することができました。謎はもう一つあります。大乗仏教の登場の不思議です。

こちらもおそらく根は同じです。意見の違いによる対立は破僧ではない、と主張するカルマベーダを新たに導入しても、しばらくの間はそれほど極端な考えの違いは現れなかったのではないかと思います。しかし、百年、二百年と積み重なっていけば次第に教えの幅も広がり、相当かけ離れたものに転じていきます。最終的にはお釈迦様の教えとは似ても似つかないようなものが出てきても不思議ではありません。これが大乗仏教という極端な一群が登場してきた理由だと思います。

部派仏教と大乗仏教とでは登場の時期にかなりの時間差がありますから、まったく別個の現象のように見えますが、根は同じなのです。アショーカ王の時代に「破僧」の定義が崩れたことによって、最初のタガがはずれました。これに起因して早く結果が現れたのが部派仏教であり、ゆっくりと結果が現れたのが大乗仏教だといえると思います。部派というのは、すでに多様化していた個別グループが自分たち独自の名前を持つことであっという間に成立しますが、大乗仏教は、長い時間をかけて、新たな教義を形成する中で生み出されてくるものだからです。

今後の課題

このようにして、私は積年の課題に自分なりの結論をつけました。大乗仏教というお釈迦様の考えとかけ離れた仏教が登場したのはなぜなのか、また、まったく別の宗教といえるほど考え方が違うのに、「頂は一つ」という言葉でまとめられがちなのはなぜなのかということも、以上のようなことでほぼのみこんでいただけたかと思います。

しかし、最後に付言しますと、その大乗仏教の中でも「般若経」はなぜ生まれたのかとか、「法華経」はどこから登場してきたのかとか、「華厳経」はどうなのかといった個別の問題に対しては、まだ何も申すことができません。大乗仏教の成立の大枠はわかりましたが、各論についてはは緒についたばかりなのです。

たとえば、最近の研究で浄土真宗や浄土宗の阿弥陀信仰のもとになった阿弥陀如来の世界を描いた石像のようなものがガンダーラで見つかりました。ある村の周囲からしか出土しないそうなので、おそらく阿弥陀信仰はそこで誕生したのだろうと推測されております。ガンダーラという場所を考えると、時期はシルクロードが開通した紀元前後でしょうか。

そのように、他の大乗仏教も一つ一つルーツや発生の背景などを探っていかねばなりません。課題はたくさんあります。

さて、時間が来ましたのでそろそろ終わりにいたしますが、この時間に申し上げた仏教の変移と多様化に関する私の研究に興味をお持ちになった方がありましたら、『インド仏教変移論』（大蔵出版）という本をお読みいただければと存じます。少々堅い学術書ですが、私が一生懸命取り組んだことが細かく書いてあります。

また、今回申し上げたことは私の仮説であり、絶対的に正しいわけではありません。しかし、できるかぎり正確を期すために、かなり頑張って検証しました。科学者にも納得してもらえるような精密な方法を用いました。詳しく申すことはできませんが、私なりに、考え得る最高度の実証性で検証したつもりです。そのような点も、『インド仏教変移論』に書いてございます。

では、5時限目はこれで終わります。

「破僧」とは何か？

資料1 アショーカ王碑文「分裂法勅」

【訳】天愛が命令する。……パータリプタの大官たちが命令を受ける。いかなる者であろうともサンガを分裂させてはならない。比丘であれ比丘尼であれサンガを分裂させる可能性のある者は、白衣を着せて（僧団）の住処以外の所に**住まわせよ**。以上、この勅命は比丘サンガと比丘尼サンガに告知されねばならない。以上が天愛の告げるところである。この法勅の写し一通を役所に預かって汝らの手元に保管せよ。またこの同じ法勅の写し一通を優婆塞の手元に預けよ。そしてこの優婆塞は斎日毎にこの法勅を viśvās するために行かねばならない。また各大官も斎日毎に規則正しく、この法勅を viśvās し、ājñā（＝確認）するために布薩に行かねばならない。そして汝らの地方が広がる限りのあらゆる場所へ、汝らはこの（法勅）文をともなって（官吏を）出発させねばならない。同様に、（汝らの部下をして）すべての城塞のある地域へ向けて、この（法勅）文をともなって（官吏を）出発させねばならない。

資料 2

『摩訶僧祇律』巻二十六

【訳】もし「この人は破僧しようとしているな」ということがわかったら、比丘たちは（その人に向かって）次のように言え。「君、破僧してはいけない。破僧はたいへんな罪だ。悪道に落ち地獄に行くことになるぞ。君には衣鉢をあげよう。経を授け経を読んであげよう。わからないことがあったら教えてあげよう。（だから破僧するな）」。もしそれでも止めないなら、力ある優婆塞に次のように言え。「こういう者が破僧しようとしています。行ってこれをなだめて、止めさせてください」。その優婆塞は（その悪比丘の所へ行って）次のように言え。「もしもしあなた、破僧してはいけませんよ。破僧はたいへんな罪ですよ。悪道に落ち地獄に行くことになりますよ。私があなたのために衣鉢や薬をあげましょう。もし出家生活を続けたくないというのなら還俗なさい。私が嫁さんをお世話して、必要な物もそろえてあげましょう。（だから破僧はやめなさい）」。それでも止めないときは、舎羅籌を使った議決によって除名せよ。除名してから（サンガに対して）次のように布告せよ。「みなさん、破僧をたくらむ者がいますから、来たら気をつけてください」。このように予防してもなお、破僧したならこれを「破僧」

という。（この破僧僧団に対して）布施をした場合でも「良福田」と言われる。（この破僧僧団の中で）具足戒を受けた場合でも「善受具足」と言われる。もし（自分のいる僧団が破僧僧団だと）気がついたらすぐに立ち去れ。立ち去らない者は「破僧伴」（＝破僧の仲間）と言われる。この破僧の仲間たちとは決して一緒にしゃべったり、一緒に住んだり一緒に食べたりしてはならないし、仏法僧を共にしてはならない。また布施、安居、自恣やその他の共同会議を一緒にしてはならない。他の外道出家人には「席があります。よかったらお坐りなさい」と言ってもよいが、この（破僧人には）そのような言葉をかけてはならない。

資料3 『十誦律』巻三十七における「破僧の定義」

【訳】仏は舎衛国におられた。そのとき長老優波離（＝ウパーリ）は仏に尋ねた。「世尊は破僧について説かれましたが、一体何を破僧と呼ぶのですか。どういう条件が揃った場合に破僧というのですか」。仏は優波離に対して次のようにお答えになった。「十四の破僧の原因があってその中のどれかが関わっている場合『破僧となる』。十四とは、非法を法であると主張すること。

法を非法であると主張すること。（略）もしこの比丘が非法を法であると主張し、この非法でもって比丘たちを教化、説得し、和合僧を分裂させたならば、和合僧が分裂した時点で彼は大罪を犯すことになる。大罪を犯したら、一劫の間、阿鼻地獄に落ちる。（略）優波離よ、二つの条件が揃った場合、破僧と名付ける。唱説と取籌である。唱説とは調達（＝デーヴァダッタ）のように僧団の中で『私、調達は次のように提言します。云々』というように三回提言することである。取籌とは調達が一回目の提言をしたあとで四人の仲間と一緒に籌を取ったように（籌を取ることである）」

資料 4

『摩訶僧祇律』巻三十二における「破僧の定義」

【訳】「破僧」とは何か。仏が舎衛城におられたとき、尊者優波離は仏のところに近づき、その御足を礼拝してからあとずさりにさがって自分の座についた。そして次のように申し上げた。「世尊は破僧について説かれましたが、何をもって破僧と名付けるのですか」。仏は優波離に次のように言われた。「如法、如律に正しく真理を理解しているような立派な比丘に対しては、礼拝恭敬してその教えに従わねばならない。もしある比丘が、そういう（立派な）比丘の説が非法であり、そんな教えに従うべきでないと主張して、僧団に争いが生じたとしても、その僧団が一つの界の中で共住し、説戒（つまり布薩儀式）および羯磨を一緒に行なっている限りは破僧ではない。私がすでに規定した一界一住の中で、別々に布薩、自恣、羯磨を行なうことが破僧である」。尊者優波離は仏に申し上げた。「破僧した者はどのような罪になるのですか」。仏は「一劫の間地獄に落ちることになる」と言われた。以上を破僧という。

資料 5

『倶舎論』における「破僧の定義」

【訳】どれだけ（の条件が揃うこと）によって、僧伽が破せられたことになるか。師と道とが（いずれも）異なっていることが認容せられるとき破せられている。（略）すでに説かれたこの破僧、それはまた破法輪（チャクラベーダ）であると認められてある。何となれば、そのとき世尊の法輪が破せられたことになるからである。（略）けれども、他の破僧は破羯磨（カルマベーダ）

によってなされる。もし一結界中において分裂して羯磨をなすならば、である。（**略**）けれども、破法輪（僧）は六の時においては存在しない。どのような（時）においてであるか。法輪が転ぜられていまだ間もない時と、世尊が般涅槃したもうた後である。（**以下略**）

6時限目　いまに生きる釈迦の言葉

お釈迦様の教えを知る

いよいよ6時限目となりました。これまでの五時限で仏教の前史、お釈迦様の生涯、サンガや弟子たちのこと、番外編として、のちの部派仏教や大乗仏教との関係などなどを見てきました。ときおり脱線などしながらもずいぶんいろいろなお話をしましたが、まだ触れていない肝腎なことがあります。それはお釈迦様が具体的にどのような言葉を発し、具体的にどのような教えを説かれたのかという点です。このお話に、最後の一時限を使うことにいたします。

お釈迦様が語られた教えや言葉は、リアルタイムでは文字化されず、お釈迦様の死後もしばらくは口伝という形で弟子から弟子へと伝えられていました。しかし、口伝ではやはり途中でとぎれるという危険があります。そこで、お弟子さんたちによってテキスト化する動きが起こりました。紀元前一世紀ごろといわれています。こうしてできたのが「ニカーヤ」と呼ばれる一連の原始経典類です。

「ニカーヤ」の元になった口伝の教えが編集されたのは、お釈迦様の死からそれほど時間がたっていない時期なので、お釈迦様の教えはかなり忠実に表されていると考えられます。破僧定義の変更を経て、五百年ものちに作られた大乗仏教のお経などと比較すれば、比較にならないほど、お釈迦様の教えを色濃く残しているはずです。「ニカーヤ」はインド方言の一つであるパーリ語で記されていて、そのなかには、すべて数えあげると五千以上のお経が含まれています。

そのうちでもよく流布しているものに、『ダンマパダ』と『スッタニパータ』があります。とりわけ『ダンマパダ』は言葉が平易でわかりやすいので、いちばんよく読まれています。古さからいうと『スッタニパータ』のほうが先で、そのぶん価値も高いのですが、『ダンマパダ』のほうが人気があります。スリランカやタイなど上座部仏教の国ではお坊さんでない一般の方でも暗記しているくらいです。

読んでいただいたらわかりますが、全篇短い詩のようになっていて、私たちのイメージする漢字だけのお経――たとえば「法華経」とか「般若心経」とか――とはかなり違います。お釈迦様の〝語録〟という感じです。しかし、現地の音では口ずさむのにふさわしい、きれいに韻を踏んだ経文になっています。

では、具体的に見ていきましょう。主に『ダンマパダ』と『スッタニパータ』から引用しますが、一部、その他の「ニカーヤ」からも引きます。また、片端からご紹介していくのも芸がありませんから、お釈迦様が主張されていた主要なテーマごとに分類して、代表的な言葉をあげることにいたします。

人生は「一切皆苦」

まずは導入として、お釈迦様を出家へと駆り立てたもの、王位も財産も家族もすべて捨て去ることを決心させたもの、すなわち「人生の苦しみ」について、どんな言葉が残されているか見てみましょう。生きることは苦であるという「一切皆苦」の思いです。

人は皆、生きものとしてこの世に生を享けますが、それは言い換えれば、「死ぬべきもの」として生を享けることでもあります。人は生まれた瞬間から死に向かって生き続けるのです。すべての人が老い、病み、衰えることを人生の目的とでもしているかのようです。とすれば人間のいとなみはすべて虚しく、生きていることは苦しみばかりということになります。

いくらお金を持っていても、地位や名声を持っていても、その状態が続かないのなら虚しいだけです。しかし、その事実を人は認めたがらず、真実を曲げ、虚勢を張り、誤った考えに執著します。「一切皆苦」の耐えがたい事実から目をそらし、見て見ぬふりして生きているのです。

お釈迦様は若くしてそれに気づいてしまったために、バラ色だった人生が一転〝暗黒〟になりました。そして、その苦しみを超克(ちょうこく)するために出家されたのです。

そのように、仏道を志したそもそもの動機が絶望的な思いであったため、お釈迦様の現世に対するとらえ方はかなりシビアです。人の人生というものをハッとするほど冷徹に見ています。以下に例をあげます。

「牛飼いが棒で牛たちを牧場へと追い立てるように、老いと死は生きものの寿命を追いたてていく」（ダンマパダ135）

「この世間が燃え上がっているというのに、いったい何が笑いだ、何が歓びだ。お前たちは暗闇に覆われていながら、どうして明かりを探し求めないのだ」（ダンマパダ146）

この堪えがたい現実をいったいどうすればいいのだ！　というやむにやまれぬ叫びのようなものが感じられます。

お釈迦様の思想の中には、この世で私たちが「常住不変だ」と思っているものごとには、本当は何も実体がない。したがって確固たる「自分」などというものもない、という考え方があります。「ニヒリズム」とか「虚無主義」とか言ったほうがぴったりくるような言葉も少なくありません。

「見よ、飾り立てられた形体を。傷だらけの身体であり、要素が集まっただけのものである。病にかかり、勝手な思惑ばかり多くて、そこには堅実さも安定もない」（ダンマパダ147）

「この姿かたちは衰え果てた。それは病気の巣であり、たちまちにして壊れゆく。腐敗のかたまりは崩壊する。生は死をもって終わりとなる」（ダンマパダ148）

「骨が組み合わさって城郭が作られ、そこに肉と血が塗られ、その中に『老い』と『死』と『傲慢』と『ごまかし』が鎮座している」（ダンマパダ150）

あまりにも容赦なく言い切っているのでびっくりします。しかし、人間という存在のすべてを〝腑分け〟するようなこのとらえ方こそが仏教の基本中の基本なのです。

「学び」はすべてに勝る

次は、「考えること」「学ぶこと」、すなわち「智慧」の重要性についてです。

お釈迦様は自分の頭を使って答えが出るまでひたすら考え抜くことを弟子たちに説きました。人生の苦しみから解放されるためにはどうしたらいいのか、自分の中から悪い要素を除くにはどうしたらいいのか、ものごとにとらわれる心をどう制御していけばいいのか、そもそも幸福とは何なのか。そのような人生の難題について、とにかく考えて、考え抜いて答えを見出していけとおっしゃいました。

立ち止まったり、なまけたりしてはいけません。〝生涯学習〟のススメです。例をいくつかあげましょう。

これは私の大好きな言葉の一つです。

「学ぶことの少ない者は、牛のように老いていく。肉ばかり増えて、智慧は増えな

い」（ダンマパダ152）

面白いでしょう？　きびしい言葉だけれども、なんとも言えないウィットがあります。また、これを見るとインド人は牛を神聖視しているのか馬鹿にしているのか、どっちなんだろうと思ったりします。

人は学び続けることによって昨日よりも今日、今日よりも明日、明日よりも明後日、一歩ずつ自分をよくしていかなければなりません。その努力をしなかったら、同じところで死ぬまで草を食んでいる牛と一緒です。

近い意味の言葉をもう一つあげましょう。

「頭髪が白くなることで長老になるのではない。ただ年をとっただけの人は『むなしい老人』といわれる」（ダンマパダ260）

手厳しい言葉です。しかし本当のことです。年寄りだからまわりが大事に扱ってくれる、年寄りだから尊敬されるのは当たり前などと考えてはいけません。私たちの日本も今後いよいよ超高齢社会になっていきますが、それに向けたヒントも読みとれそうです。

ちょっと違う視点から人の知性というものについて述べているのがこちらです。

「愚かな人が自分を愚かであると考えるなら、その人はそのことによって賢者なのである。愚かな人が自分を賢者だと考えるなら、その人はまさしく愚か者だといわれる」（ダンマパダ63）

「無知の知」という言葉がありますが、それに近い教えです。愚かな人が自分を愚かであると考える。これはとてもよいことです。自分は愚かだと自覚していれば、それを直して自分をよりよくしようというモチベーションにつながります。逆に、自分は賢者だと思ってしまったら終わりです。それ以上の成長はありません。

仏教は常に自分を省み、至らぬところを直すことによって老病死の苦しみに立ち向かっていく宗教です。いつも自分を改良していく心構えが必要です。自分にはまだまだ足らぬところがある、もっともっと変えなくてはいけないと自覚していなければなりません。謙虚な自己反省が仏教の基本です。

では、正しく智慧を養っていくためにはどのような心構えでいればいいのでしょうか。次の言葉が参考になります。

「実に心を制御すれば英知が生まれるし、心を制御しなければ英知は消滅する。生まれることへと向かう道と、消滅へと向かう道、この二種類の道を心得て、英知がますます増大するよう、自己を整えよ」（ダンマパダ282）

「生まれることへと向かう道と、消滅へと向かう道」とは、私たちが生まれては死に、生まれては死にを繰り返す苦しい輪廻の道へ行くか、それとも安穏な涅槃へ行くか、という意味です。まずはそれをきちんと理解して、そのことわりに対処できるような英知を養えと教えています。そのために大事なのが「心の制御」です。心の制御とは何かというと、外界からの様々な刺激に心がふらふら惑わされない状態です。あっちのものを見ればあっちに目がいき、こっちのものを聞けばこっちに耳がいってしまう状態では、自分を正しく顧みることはできません。それをシャットアウトするための方法が瞑想です。精神を完全に集中して自分の心を正しく整えたとき、初めて自分自身の姿が見えてきます。

似た言葉をもう一つあげましょう。

「行動を制御するのは善いことだ。言葉を制御するのは善いことだ。心を制御するのは善いことだ。すべてにおいて、制御は善いことである。すべてにおいて制御した仏教修行者は、あらゆる苦しみから逃れ出る」（ダンマパダ361）

「行動を制御する」「言葉を制御する」「心を制御する」と、三つ出てきました。仏教では私たち人間の活動を三つに分けて定義していて、一つは肉体を用いて行なう行動で、「身（しん）」です。二つ目は言葉を発する行動で、「口（く）」といいます。三つ目は心の中で思うことで、「意（い）」といいます。三つ合わせて「身口意（しんくい）」というのですが、これらをすべてきちんと制御せよとおっしゃっています。これが間違いなくできたときに初めて、人は生きるうえでの様々な苦しみから逃れることができます。現代の私たちにも応用できる教えです。

「執著」があると苦は消えない

続きまして「執著」のいさめです。普通は「執着」と書きますが、仏教では「執著」と書きます。意味は同じです。お釈迦様は繰り返し「執著を捨てよ」とお説きになりました。なぜかというと、執著があるかぎり私たちは現世的な様々な縛りから自由になることはできず、生きる苦しみから逃れることもできないからです。

執著といってもいろいろなものがあります。代表的なものは「所有欲」でしょう。例をあげたほうが納得できると思います。ご覧ください。

「愚かな人は、『私には息子がいる』『私には財産がある』などといってそれで思い悩むが、自分自身がそもそも自分のものではない。ましてやどうして息子が自分のものであろうか。財産が自分のものであったりしようか」(ダンマパダ62)

人は物を所有したがる生きもので、自分のものだと思うとそれに固執します。しかし、それは錯覚です。物のほうは「私はあなたのものよ」とはぜんぜん思ってくれません。ただそこに存在しているだけです。だから何かことがあれば他人のものになりますし、燃えたり、壊れたりします。なくなります。それでおしまいです。私と所有物との関係はすべてまぼろしで、あっという間に消えるのです。

にもかかわらず私たちはそれがなくなれば悲しみ、人に奪われれば怒ります。自分の従属物だと思っているからです。財産もそうです。子供もそうです。自分のものだと思うから守ろうとしたり、心配になったり、不安になったりするのです。足かせになるのです。所有への執著が強ければ強いほど、失われたときの苦しみも大きくなります。そこをよく理解しなければいけません。

所有の執著心に対するお釈迦様の総括を見ましょう。

「比丘らよ、およそ何であれ、常住で恒久で永遠で変化することがなく、いつまでもそのままの姿であり続けるような、そんな所有物というものを、私はいまだかつて見たことがない」（マッジマ・ニカーヤ22）

「名称とかたちあるものについて『私のものだ』という思いをまったく持たず、何かがないからといって憂えることのない人、そういう人こそが出家修行者（比丘）と呼ばれる」（ダンマパダ367）

永遠に自分のものとして所有できるものなどありません。それを理解するからこそ、人は出家して修行の道に入るのです。

いま述べたような「所有」とは少し違う意味で執著の無意味さを語っているのが次の句です。とても考えさせられます。

「立派に組み上げられた筏も、激流を越えて向こう岸に渡ってしまえば、もう筏としての意味はなくなる。神よ、もし雨を降らせたいと思うのなら、大いに降らせるがいい」（スッタニパータ21）

大雨が降って川が激流になっています。そこを渡るために何日もかけて一生懸命立派な筏を組んで、ようやく向こう岸に渡ることができました。しかし、渡ってしまったら、あとはそんな筏は捨てなさいと言っているのです。

ここでいう「筏」は何を意味しているのかわかりますか？　わかる方、おっしゃってみてください。……と、いらっしゃいませんね。では、申しましょう。これは「お釈迦様の教え」のことなのです。向こう岸というのはここでは悟りの世界という意味であり、そこへ渡るために必要な智慧としてお釈迦様の教えがあるけれども、渡り終えてしまったらその教えももはや無用です。無用だとわかっているのに、それにしがみついているのであれば、それもまた執著の心だから捨てろとおっしゃるのです。このくらい徹底して捨て切らないと、真に解放された境地とはいえないのですね。

真にすべての執著から解放されれば、おのずと苦しみからも解放されます。

「輪廻の流れを断ち切り、なすべき善もなすべからざる悪も捨て去り、執著のない比丘には苦悩がない」（スッタニパータ715）

人はみな「平等」である

次は、お釈迦様の大事な思想である「平等」を表した言葉です。

「人は生まれで賤しいのではないし、生まれでバラモンになるのでもない。人は行ないによって賤しくなるのである。行ないによってバラモンになるのである」（スッタニパータ142）

インド社会のなか、四つのカーストの最上位に立つバラモンたちは、やはりいばっています。それに対して、お釈迦様は、真のバラモンとは行ないの正しい人のことであって、生まれ血筋で決まるバラモンという身分には何の意味もないとおっしゃったのです。

こんな言葉もあります。

「人の生まれを問うなかれ。行ないを問え。火はどんな薪からでも生ずる。賤しい家柄の者でも、心堅固で恥を知る聖人となれば、それは高貴な人である」（スッタニパータ462）

お釈迦様流「四民平等」の教えです。

生まれつき身分の高低が決まっていて、日常の行動も、仕事も、幸福も、人生全部がそれに規定される、そんなことはおかしいとお釈迦様は主張します。その通りです。

人生の充足は生まれたのちの努力によって決まるべきです。努力して心をみがく。それが人を高貴なものにしてくれる唯一の道なのです。

しかし、当時の社会においてこのような発言をし、新しい思想を説いてまわることは度胸のいることだったと思います。お釈迦様は勇敢な人だったのですね。

「自己鍛錬」あるのみ

続いては、「実践」、あるいは「自己鍛錬」のススメです。

まずはこの言葉をご覧ください。

「ためになることをいくらたくさん語っていても、それを実践しなければ怠け者である。それはたとえば牛飼いが他人の牛の数を勘定しているようなものだ。そういう者は修行者とはいえない」(ダンマパダ19)

この「ためになること」というのは、「仏教の教え」と言い換えることができます。要するに、お釈迦様の言葉をいくら覚えて「こんな教えがあるのだよ」と語っても、実際に自分の問題として取り組まなければ何の意味もないというのです。口ばかりではダメです。お釈迦様はいろいろな例をあげて「実践」の重要性を説きます。実践はお釈迦様の仏教の大きな特徴です。

また、お釈迦様の教えのもう一つ大きな特徴は、とにかく「自分自身の問題」に焦点を合わせるということです。宗教というとイコール「人助け」と考えがちですが、それは大乗仏教の特徴であって、お釈迦様の仏教はまず自己救済です。自分をしっかり確立することがいっとう最初に大事です。お釈迦様の言葉を読むとそのあたりのことを説いた言葉にたくさん出会います。

「戦場において百万人に勝ったにしても、ただ一つの自分自身に勝つことのできる者こそが最高の勝者である」（ダンマパダ103）

とても有名な言葉です。自分を救うのは自分だけだともおっしゃっています。

「自分の救済者は自分自身である。他の誰が救ってくれようか。自分を正しく制御して初めて、人は得難い救済者を手に入れるのだ」（ダンマパダ160）

私たちは人との比較につい気を取られがちですが、大事なことは人との比較や競争ではありません。

「『私はあの人より勝れている』とか、『あの人と同等だ』とか、『あの人より劣っている』と考える人は、それによって言い争うことになろう。これら三種の考えに心が惑わされない者には『勝れている』とか『同じだ』ということ自体が存在しない」

（サンユッタ・ニカーヤ PTS I.12）

他者と自分を比較して上だ下だということを考えなければ、上下関係そのものが消滅します。仏教が説くのは人との比較ではなく、あくまでも自分との比較です。

「心」を正しく持て

お釈迦様のすぐれた点は思想哲学の領域だけでなく、サンガのような組織を作り、律という実質的な生活規範を作った点にもあると私は先に申しました。『ダンマパダ』や『スッタニパータ』を見ますと、日常生活の中での正しい心の持ち方や正しい態度などにかなり言及しているのがわかります。生活道徳のようなことです。そこには超越的な難解さもなく、理解不能な神秘もありません。ただただ、あるべき心のあり方をまっとうに説いておられます。毎日の生活の中で心がけるべきことをわかりやすく教えてくださっているところも、お釈迦様の仏教の魅力だろうと思います。

そのような言葉をいくつかピックアップします。

「ものごとは心に導かれ、心に仕え、心によって作り出される。もし人が清らかな心で話し、行動するなら、その人には楽がつき従う。あたかも身体から離れることのない影のように」（ダンマパダ2）

心の持ち方が正しければ行動も正しくなります。逆に、心の持ち方がよこしまなら行動もよこしまになります。

「怒らないことによって怒りに打ち勝て。善いことによって善からぬことに打ち勝て。布施することによって物惜しみに打ち勝て。真実によって嘘つきに打ち勝て」

（ダンマパダ223）

これも正論です。しかし、いざ行なおうとすると難しいことです。

ここで、「怒るな」「善行せよ」「嘘をつくな」はわかりますが、「物惜しみせずお布施をせよ」は、私たちの感覚ではピンとこないかもしれません。しかし、仏教ではお布施をすることはとてもよいことなのです。これは「執著」という側面から考えると納得がいくと思います。くれぐれも「ケチケチしないでお布施をたくさんください」という欲深な意味だなどとお思いになりませんよう。

もう一つ、いきましょう。タイやスリランカなどの上座部仏教の国では、国民の道徳として教えられていることです。

「実にこの世では恨みによって恨みが鎮まるということはけっしてない。恨みは恨みを捨て去ることで鎮まる。これは永遠の真理である」（ダンマパダ5）

タイは〝微笑みの国〟などと評され、心おだやかな人々の国とされていますが、それはお釈迦様のこうした教えが根づいているからでしょう。

戦争でも、ケンカでも、何かマイナスの仕打ちを受けたとき、同じマイナスの形をもって仕返しをしていたらマイナスの連鎖は収まることはありません。そのことを二千五百年前のお釈迦様もおっしゃっているのです。どちらが勝った、どちらが負けた、などと思っているかぎり、争いがおさまることはありません。これは現在の国際関係などでもいえることです。どちらかが不毛な連鎖を断ったとき、初めて対話が始まります。

日本は第二次世界大戦以降、宗教的なことを公の機関で教えてはいけないことになって、小学校でも中学校でも特定の宗教の内容に言及することはありません。おかげで日本人は共通の倫理観や理想のない国になってしまいました。考え方は一人ひとりバラバラで、しかも勝手きままで自己中心。「心のお手本」がありません。ですから私は、国民の大方が『ダンマパダ』の教えに基づく教育を受けているタイのような国に行くと、うらやましいような、憧れるような気持ちになります。

釈迦の究極の教え

では、お釈迦様の教えの中でも特別印象深いものをあと二つ、ご紹介します。一つは、私がいちばん好きな言葉です。

「究極の真理へと到達するために精励努力し、心ひるむことなく、行ない、怠ることなく、足取り堅固に、体力、智力を身につけて、犀の角の如く、ただ独り歩め」（スッタニパータ68）

インドには犀がいます。一本の太い角を鼻先に備えた頑強な動物です。この犀が森の中をまっすぐに黙々と歩くさまは、インドの人たちの目には孤高の勇者が自力で道を切り開いて歩んでいるかのように映りました。「犀の角」は一人歩む勇者のたとえです。この動物が仏教の修行者の象徴であると聞くと、何か胸うたれるものがあります。

「犀の角」のたとえを使った教えはいくつかありまして、「どんな音にも驚かないライオンのように、網に捕えられることのない風のように、水で濡れることのない蓮のように、犀の角の如く、ただ独り歩め」（スッタニパータ71）という言葉もあります。脅しにも屈せず、わなにもかからず、汚れにも染まらない、崇高な「犀の角」——。それが、お釈迦様がお考えになった、あるべき仏道修行者の姿です。

最後はお釈迦様のご遺言です。もっとも大事な言葉です。

「自分自身を島とし、自分自身を救いのよりどころとして暮らせ。ほかのものを救いのよりどころとしてはならない。法（教え）を島とし、法を救いのよりどころとして暮らせ。ほかのものを救いのよりどころとしてはならない」（大パリニッバーナ経）

お釈迦様は最晩年に、故郷がある北のほうに向けて説法の旅に出て、その途中で亡くなりました。お釈迦様が病に伏せったとき、弟子は「もしあなた様がお亡くなりになるようなことがあったら、私たちはこれから何をよすがに生きていけばいいのですか」と聞きました。すると、お釈迦様はこの言葉をお答えになったのです。

「島」というのは洪水のときなどにすがりついて助かるためのよりどころです。中州のようなものです。「取りつく島」という言葉がありますが、まさにそれを思い浮かべていただいたらよいと思います。

「修行者本人の努力」と「仏教の教え」を唯一のよりどころとして生きていきなさいとお釈迦様はおっしゃいました。教えをただ胸に抱いているのではなく、自分なりにきちんと消化して、自分自身の力で考え、自分自身の問題として実践していけとおっしゃったのです。先にお釈迦様の教えの要は「自己鍛錬」であると申しましたが、ここでもそれがいかんなく表現されています。

この遺言は一般に「自洲、法洲」、あるいは「自灯明、法灯明」と呼ばれて広く知られています。「洲」とは島のことです。「灯明」はサンスクリットを中国語に訳すときの都合で「洲」が「灯明」に誤訳されたのです。しかしどちらにしても、意味は変わりません。「洲」も「灯明」も、危難にみまわれたときに大きなよりどころとなるものですから。

お釈迦様はそれ以上の遺言は一切なさいませんでした。たとえば、私の後継者は誰それにするからその人についていきなさいとか、私の死後、僧団の運営をどうしなさいといったこともおっしゃいませんでした。ただひたすら、教えを守り、一人ひとりが励んでいけとおっしゃっただけです。ですから、お釈迦様の仏教には仏教界をひきいるリーダーがいません。跡つぎ制度もありません。本部も本山もない、横並びのネットワークだけで成り立っています。

人間どうしの差別もなく、競争もなく、あるのはただ自分との戦いだけ。

自分をしっかりと見つめ、自分なりの人生の幸福を見出し、生きることの苦悩に打ち勝っていけとお釈迦様はお教えになりました。素晴らしい教えだと思います。私がお釈迦様を深く尊敬するゆえんです。

六時限、お疲れ様でした。これで私の講義はすべて終了です。みなさんが、お釈迦様の教えにより、真の幸福を手に入れられますよう願っています。お元気で。ごきげんよう。

本書は、NHK文化センター京都教室にて、二〇一二年四月から九月にかけて行なわれた講座「ブッダの思想と生涯～仏教はなにを語るのか」の講義をもとに加筆・修正し、編集したものです。

編集協力　渥美裕子
　　　　　湯沢寿久
　　　　　福田光一
　　　　　大久保継男
図版作成　小林惑名
DTP　山田孝之

佐々木 閑 ささき・しずか
1956年、福井県生まれ。
京都大学工学部工業化学科および文学部哲学科仏教学専攻卒業。
同大学院文学研究科博士課程満期退学。
米国カリフォルニア大学バークレー校留学を経て、
花園大学文学部仏教学科教授。文学博士。
専門は仏教哲学、古代インド仏教学、仏教史。
著書に『出家とはなにか』『インド仏教変移論』『犀の角たち』『日々是修行』
『NHK「100分de名著」ブックス ブッダ 真理のことば』など多数。

NHK出版新書 399
本当の仏教を学ぶ一日講座
ゴータマは、いかにして
ブッダとなったのか

2013年2月10日 第1刷発行
2021年8月5日 第5刷発行

著者 佐々木 閑
発行者 土井成紀
発行所 NHK出版
〒150-8081東京都渋谷区宇田川町41-1
電話 (0570) 009-321(問い合わせ) (0570) 000-321(注文)
https://www.nhk-book.co.jp (ホームページ)
振替 00110-1-49701

ブックデザイン albireo
印刷 啓文堂・近代美術
製本 三森製本所

Printed in Japan ISBN978-4-14-088399-0 C0215

NHK出版新書好評既刊